Grant

Thomas Grasberger

Der Blues des Südens

Diederichs

Verlagsgruppe Random House FSC-DEU-0100
Das für dieses Buch verwendete FSC®-zertifizierte Papier *Munken Premium Cream* liefert Arctic Paper Munkedals AB, Schweden.

3. Auflage 2012

Umschlaggestaltung: Weiss Werkstatt, München
Druck und Bindung: GGP Media GmbH, Pößneck
Printed in Germany
ISBN 978-3-424-35070-8

Weitere Informationen zu diesem Buch und unserem gesamten lieferbaren Programm finden Sie unter:
www.diederichs-verlag.de

Inhalt

Auf der Suche nach einem (angeblich) fast verlorenen Lebensgefühl

Sein Name ist Grant. Nicht Hugh und nicht Cary – einfach nur Grant. Ohne Vorname, ohne Plural, ohne Schnickschnack. Fünf Buchstaben – ein Lebensgefühl. Spricht man von ihm, fragen die Leute oft: »Meinen Sie den bairischen?« Ja klar, welchen sonst! Der Grant ist ein Produkt des Südens. Genauer gesagt: ein Kind der bairischen Hochsprache. Die reicht bekanntlich weit über den Freistaat hinaus, von Augsburg bis Wien und von Nürnberg bis Klagenfurt. Der Grant ist also ein Baier im allerweitesten Sinn. Deshalb reden wir von Baiern, wenn der ganze Stamm – samt Österreichern – gemeint ist; und von Bayern, wenn wir nur den Freistaat oder seine Bewohner erwähnen wollen.

Ein Baier also. Ist das erst einmal klar, kennt ihn plötzlich jeder. Zumindest glaubt jeder, ihn zu kennen; freilich oft nur aus klischeebeladenen Fernsehsendungen oder schlichten Bauerntheateraufführungen. Grantler sind Miesepeter und Nörgler: bärbeißig, gereizt, grimmig, humorlos, knurrig, missmutig, mürrisch – und so weiter. Verheiratete Frauen nicken wissend und deuten sofort auf ihren Ehemann: »Er da ist so ein ewiger Grantler, dem man nichts recht machen kann.« Und die Männer kontern: »Der Grant ist weiblich. Schließlich heißt es ja nicht umsonst ›So grantig wie eine tragende Katz‹ oder ›wie ein schwangeres Eidechslein‹.«

Grant ist offenbar ein weitverbreitetes Alltagsphänomen.

Man erkennt den Grantler meist relativ schnell. Denn er trägt seinen wichtigsten Muskel mitten im Gesicht: den Musculus depressor anguli oris, auch ›Mundwinkelniederzieher‹ genannt. Man sieht ihn recht oft im Einsatz, auch heute noch. Obwohl gelegentlich zu hören ist, der Grant sei am Aussterben. Oder noch besser: es habe ihn nie gegeben; denn der Grant sei eigentlich nur ein Kunstprodukt der Tourismusbranche, eine Erfindung von Münchner Taxifahrern und Biergartenbedienungen zur Umsatzsteigerung. Solche Behauptungen sind ihrerseits schon wieder ganz spezifische Formen des Grants.

Schmellers Bayerisches Wörterbuch fasst den Begriff recht eng – so, wie wir ihn heute noch kennen und verwenden – als Unmuth, Unwille, Verdruss, Zorn. Und so stellen wir uns auch den typischen Grantler vor: immer verdrießlich und übellaunig. Mit nichts ist er zufrieden, an allem hat er etwas auszusetzen, stets muss er herumnörgeln. Überhaupt rein gar nichts mag er – niemanden, nirgendwo, niemals. Am allerwenigsten sich selbst. An manchen Tagen – es kann, muss aber kein Föhn herrschen – zieht der Grantler sein Gesicht hinter sich her wie eine tote Sau.

So weit so gut. Aber ist das alles? Natürlich nicht. Das ist nur die Bonsai-Version vom Grant; eingedampft auf das handliche Maß einschlägiger Karikaturen. Auf denen sieht man dann den schlecht gelaunten, aber grundsätzlich doch liebenswürdigen, reichlich spießigen, etwas eigentümlichen und manchmal engstirnigen Kleinbürger, vorzugsweise mit Oberlippenbart, Lodenhut und Rauhaardackel. Irgendwie bairisch halt. Einer wie der Herr Hirnbeiss aus der Boulevardzeitung. Oder wie jene Figuren, die Schauspieler wie Walter Sedlmayr, Gustl Bayrhammer, Fritz Straßner, Karl Obermayr, Toni Berger oder der Wiener Hans Moser so unnachahmlich dargestellt haben – um nur einige zu nennen. Dergestalt kann der Grant selbstverständlich auch daherkommen. Nicht umsonst halten sich Tageszeitungen gern ihre Grantler-Ecken, für all die Leserbriefschreiber, die ständig etwas auszusetzen haben. Und doch bedeutet Grant viel mehr als einfach nur grantig und unzufrieden sein. Grant ist eine Haltung. Grant – das ist der Blues des Südens, seit Jahrhunderten oszillierend zwischen Niedergeschlagenheit und Aufbegehren.

Und so wie der Blues nie nur traurig ist, sondern manchmal auch heiter, frech, aufmüpfig, lüstern oder albern sein kann, ist der Grant zwar oft abgrundtief düster, melancholisch und fatalistisch, manchmal aber auch richtig ausgelassen, humorvoll und witzig. Der Grantler kann motzen und stänkern, kann streiten wie ein Kesselflicker, anderntags aber fast liebevoll und zärtlich sein in seinem Spott; um dann gleich drauf wieder saugrob zu werden. Der Blues des Südens ist ebenso vielseitig wie die Gefühlspalette des Grantlers. Ein vielschichtiges Phänomen also, dieser Grant, dem eine eigene philosophische Haltung zugrunde liegt. Nennen wir sie der Einfachheit halber ›Grantologie‹, jene Grenzwissenschaft, in die die folgenden Seiten einführen wollen. Machen wir uns auf die Suche nach einem (angeblich) fast verlorenen Lebensgefühl.

Pinguine und andere Baiern: Zur Etymologie des Grants

Ein Blick ins Wörterbuch verrät es. Der Grant ist ein Kind des Südens. »Süddeutsch, österreichisch, umgangssprachlich«, steht in Klammern meist dabei, wenn man nach ihm googelt oder sonst wie sucht. Der Grant ist also ein Bayer? Nicht ganz. Eher schon ein Baier mit ›i‹, weil er nämlich schon lange existierte, bevor König Ludwig I. in seiner maßlosen Begeisterung für alles Hellenische 1825 dieses schöne kleine bairische ›i‹ gegen das manierierte griechische Ypsilon austauschen ließ. Eine Anordnung, mit der der Herr König heutzutage wohl nicht mehr so leicht durchkäme, angesichts der schlechten Performance, die Griechenland seit neuestem an den Tag legt. Vermutlich ist es nur eine Frage der Zeit, bis ein paar bairische Grantler endlich auf die Idee kommen, den Sprachschutzschirm aufzuspannen, um diese marode Griechenland-Staatsanleihe per Volksbegehren gegen die alte ›i‹ Währung zurückzutauschen. Einstweilen werden zumindest die bairische Bevölkerung und ihre Sprache weiterhin mit ›i‹ geschrieben, bis Bayern endgültig wieder Baiern heißt.

Baiern ist und bleibt die Urheimat des Grants, weshalb es sich nicht vermeiden lassen wird, das eine oder andere Mal jenes wunderbare Idiom zu verwenden, das übrigens kein Dialekt ist, sondern eine Hochsprache, die im Jahr 2009 von der UNESCO als gefährdet und somit als schützenswert eingestuft wurde. Bevor jetzt wieder irgendein »germanistischer Zwergschamane« – für diesen schönen Begriff vielen Dank an den bairischen Grant Seigneur Uwe Dick – auf die Idee kommt, im Internet herumzumaulen und »korrektere Grammatik« (was fei gar nix gut gedeutscht ist) zu fordern, sei an dieser Stelle kurz und bündig gesagt: »It's Bavarian, stupid.«

Und dieses Bairisch umfasst als Sprachraum nicht nur die Regierungsbezirke Oberbayern, Niederbayern und Oberpfalz, sondern – mirabile dictu – ganz Österreich – mit Ausnahme von Vorarlberg, obwohl zuverlässigen Berichten zufolge auch dort das Gesamtkunstwerk Grant als bairisches Exportgut längst angekommen ist. Es reicht sogar bis nach Südtirol – wo man den Grant nicht mit Grantn verwechseln darf, Letztere sind Preiselbeeren – und hinunter zu den Sprachinseln der Zimbern. Dies alles sei also nach unserer Definition der bairische Süden. Und wo der Süden ist, da ist immer auch der Blues. Als der Autor dieser Zeilen dem Triestiner Kriminalschriftsteller Veit Heinichen von dem Buchprojekt und seinem Titel erzählte, antwortete der gebürtige Badener: »Blues des Südens ist gut. Ich glaub, den gibt es auch noch im südlichsten Süden bei den Pinguinen.«

Heinichen hat völlig recht, denn schon die phänotypische Ähnlichkeit mancher Baiern mit den flugunfähigen Seevögeln ist frappierend – gerade hinsichtlich der stämmigen Figur und des eigentümlichen Ganges, insbesondere nach ausgedehnten Biergartenbesuchen (des Baiern, nicht des Pinguins! *Anm. d. Autors*). Und was den Grant angeht, ist der Pinguin dem Baiern noch ähnlicher. Etwa vor dem Bade in saukaltem Wasser. Pinguin wie Baier sind da eher widerwillig, um nicht zu sagen angefressen. Wie klagt ein *Enttäuschter Badegast* im Gedicht des Wahlmünchners und Grant-Meisters Ringelnatz: »Und Weiber jederlei Gestalt,/ Sie lassen alle dann mich kalt,/ Wie die verdammte Jauche/ Der See, in die ich tauche,/ Kalt macht, speziell am Bauche.«

Da geht es dem Baiern wie dem Wasservogel; der erfahrene Tierfilmfreund kennt das ja. In kleineren Gruppen tritscheln die

Pinguine zögerlich am Ufer hin und her, oft eine halbe Stunde und mehr, bis dann einer aus der Gruppe endlich widerwillig den Anfang macht und ins Eiswasser hineinspringt. Und alle andern hinterher. Horcht man ganz genau hin, kann man sie dabei sogar leise fluchen hören. Genau das ist dem Wesen nach sehr bairisch. Erst herummaulen und rebellieren, um sich dann doch gottergeben in sein Schicksal zu fügen und dabei griesgrämig vor sich hin zu schimpfen. So ähnlich hat es – nicht nur auf Baiern bezogen – schon Arthur Schopenhauer beschrieben, jener Philosoph, auf den wir noch zu sprechen kommen. In *Die Welt als Wille und Vorstellung* grantelt Schopenhauer: »Wir gleichen den eingefangenen Elefanten, die viele Tage entsetzlich toben und ringen, bis sie sehn, dass es fruchtlos ist, und dann plötzlich gelassen ihren Nacken dem Joch bieten, auf immer gebändigt.«

Nun geht es in diesem Buch weder um Pinguine noch um Elefanten, sondern um den Süden und seinen Blues, den Grant. Der hat viele Gesichter und Stimmungen, er kann sich an fast allem entzünden. Nicht zuletzt an sich selbst. Und zwar überall: in der Arbeit, an der Trambahnhaltestelle, im Auto, daheim vor dem Fernseher oder im Wirtshaus. Das Themenspektrum des Grants ist also schier unbegrenzt. Wie beim Blues geht es auch beim Grant um Gott und die Welt, um den Sinn und den Unsinn des Lebens, um Religion und Politik, um blöde Vorgesetzte und depperte Nachbarn, um die Weiber, die nie da sind, oder die Männer, die dauernd da sind (funktioniert natürlich auch anders herum). Um Liebe, Tod, Verrat und Treue, um Sex und Suff, um Pessimismus und Resignation, um Einsamkeit und Heimweh. Und so weiter … bis zu jenem Scheiß-Taxi, das nie kommt, wenn man es ruft. Der Blues des Südens ist eben vielseitig. Und wer sein ganzes Spektrum erfassen will, orientiert sich am besten an uralten Begriffen wie ›grannen‹ oder ›greinen‹. Was so viel meint wie knurren, zanken, weinen, grinsen, lachen. Genau das beschreibt den Grant, der den Baiern tief im Innersten zusammenhält.

Natürlich gibt es auch einen Extrem-Grant als »permanenten Charakterzug« (Reinhold Aman), der »am häufigsten bei älteren oder alten Männern anzutreffen ist« und dem »selbst vorübergehende Heiterkeit« fremd bleibt. Im Österreichischen werden solche Personen ›Suderer‹ genannt. Sie sind übrigens nicht die Regel, schließlich hat Nietzsche recht, wenn er sagt, dass die meisten Menschen viel zu sehr mit sich beschäftigt sind, um dauerhaft boshaft zu sein. Ein Leben im Extrem-Grant wäre also ein Akt von Selbstlosigkeit, den nur wenige zu leisten imstande sind. Gott sei Dank.

Bei aller etymologischen Unsicherheit kann es gut sein, dass der Grant vom althochdeutschen ›grinan‹ (murren, knurren, den Mund verziehen) kommt, oder von ›grannig‹, was grob und mürrisch bedeutet und eine Gefühlspalette umfasst, die von bissig, scharf, abweisend, heftig, unwirsch, verdrießlich bis zu hart und rücksichtslos reicht. Wir gehen sogar so weit, zu behaupten, dass der Grant mit ›grandig‹ zu tun hat, was früher kiesig und grobkörnig bedeutete. Denn der Grant ist manchmal durchaus wie der grobe Sand im Getriebe unserer wohlgeschmierten, dauerlächelnden, stets gut gelaunten Dienstleistungsmaschine. Von da ist es gar nicht mehr weit bis zur ›Krantwerre‹, also zu Verwirrung, Zwietracht und Aufruhr. Dieser Grant wird als Widerstand gern ›krawottisch‹, also ungestüm, ja sogar gewalttätig und handgreiflich; obwohl Revolutionen eher selten sind in Baiern. Denn der Baier – so hört man – sei kein besonders aufmüpfiger Menschenschlag. Sei' Ruah will er haben. Und wenn er sie hat, – sagt man –, dann gibt er auch: »A Ruah«. Meistens gilt also, was Reinhard Falter in seinem Buch *Warum ist Bayern anders?* unter

Grant versteht, nämlich »mehr eine zur Schau getragene Unzugänglichkeit, weil einer seine Ruh haben möchte«.

Wirkliche Unzufriedenheit steckt demnach selten dahinter. Aber wehe, wenn der schier grenzenlose Gleichmut des Baiern so überstrapaziert wird, dass das Fass plötzlich überläuft. Oder noch schlimmer, wenn ihm »das Kraut ausgschütt« wird. Dann wird es ernst, denn ›einem das Kraut ausschütten‹ bedeutet im Süden so viel wie es sich endgültig mit jemandem verderben. Das Kraut, auf deutsch Kohl, ist seit jeher eine wichtige Nutzpflanze. Mit großem Arbeitsaufwand wird es eingemacht, damit man über den Winter vitaminreiche Nahrung zur Verfügung hat. So kommt es zum Beispiel als Blaukraut, Sauerkraut oder Weißkraut auf den Tisch. Wer einem anderen das Fass mit dem Kraut ausschüttet, trifft ihn folglich ganz existenziell. Es geht ans Eingemachte.

Grant ist ein spezifisch bairisches Lebensgefühl, dessen Einzigartigkeit auch daran erkennbar ist, dass sich der Begriff nur schwer übersetzen lässt. Weder das ausschließlich negative ›hargneux‹ im Französischen, das man mit mürrisch, bissig, zänkisch wiedergeben kann, noch das englische ›grumpy‹ (brummig, knurrig, mürrisch, griesgrämig, miesepeterig) treffen den bairischen Grant in seinem Facettenreichtum. Er ist eben einzigartig, hat mehr Humor, mehr Poesie, mehr Zärtlichkeit. Sie glauben es nicht?

Hören Sie nur einmal genau hin, wie verbindlich freundlich etwa ein Franzose in sein Schnurlostelefon hineinflötet, wenn seine Liebste am anderen Ende ist: Sein Bonjour klingt wie »Liebling, isch 'abe frisches Baguette ge'olt und dir den Kaffee schon ans Bett gestellt.« Oder der Italiener? Sein zähnestrahlendes Buongiorno am Telefonino ist wie das Blitzen des azurblauen Meers an einem heiteren Sommermorgen. Und was sagt der

Baier, wenn seine Liebste anruft? Er sagt: »Wos'n?« Oder wenn er einen sehr gesprächigen Tag hat: »Wos isn scho wieder?« Wer diese in ihrer kargen Schönheit und Poesie einzigartige und für die Empfängerin unverwechselbare Antwort mit Begriffen wie übel gelaunt, ärgerlich, knatschig, missmutig abtut, der hat noch rein gar nichts verstanden vom Charme der südlichen Stämme. Geschweige denn vom Wesen des Grants. Er oder sie lese deshalb weiter. Alle andern gefälligst auch.

Grant-Garanten des Alltags

Der Grant, so hört man immer wieder, sei vom Aussterben bedroht. Nicht dass es auf unserem Planeten keine schlecht gelaunten, mürrischen Menschen mehr gäbe, die an allem und jedem herummosern. Doch, doch, die gibt es, und zwar reichlich, das ist sogar empirisch nachweisbar. Nicht zuletzt in Deutschland, wo das »Volk der notorischen Nörgler« lebt, wie *Spiegel online* im Mai 2011 berichtete. Laut einer Studie der Organisation für wirtschaftliche Zusammenarbeit und Entwicklung »hat unsere Zufriedenheit seit Ende des Zweiten Weltkriegs kontinuierlich abgenommen«. Deutschland liege demnach – trotz des relativ hohen materiellen Wohlstands – hinter Mali und Ägypten auf dem 47. Platz. Der Deutsche jammert eben gern, vor allem, wenn er nach seiner Lebenszufriedenheit und dem körperlichen Wohlbefinden gefragt wird.

Wahrer Grant aber ist mehr als nur herumzunörgeln. Leider wird er immer seltener. Vergangen, vergessen, verflossen ist er, wie das Gold der Tage. Wenn Sie solch poetisch-pessimistische Klänge vernehmen – wunderbar – bleiben Sie dran. Sie sind auf der richtigen Spur. Vermutlich sind Sie gerade auf eine Grant-Ader gestoßen. Denn Ihr Gegenüber wird gleich noch über die Ursachen des Niedergangs spekulieren; zum Beispiel darüber, dass es immer weniger gscheide bairische Wirtshäuser gibt oder zu viele preußische Bedienungen oder lauter promovierte Taxifahrer, die nur Hochdeutsch reden – und genau deshalb sei der Grant zwangsläufig zum Aussterben verurteilt. Wenn Sie ganz,

ganz viel Glück haben, dann versteigt sich Ihr Gegenüber sogar zu der nihilistischen Frage, ob es ihn überhaupt jemals gegeben hat, den Grant. Vielleicht ist er ja nur eine Erfindung der Fremdenverkehrswirtschaft?

Derart grundstürzende Zweifel meldete der in Bayern völlig zu Recht hochverehrte Regisseur und Drehbuchautor Franz Xaver Bogner an, der im Sommer 2008 einer überregionalen Tageszeitung ein Interview gab. Als der Journalist anmerkte, dass Bogners Figuren frei von Klischees seien und ihnen beispielsweise der Grant fehle, konterte Bogner: »Das ist ein Kompliment. Den Grant, den können von mir aus Taxifahrer ham. I glaub ja, dass der Grant eher ein Kunstprodukt ist, an dem man sich aufhängt. So wia die Gschicht vom Bayern, den ma fragt, ob er woaß, wos Hofbräuhaus is. Und er sagt: ›Ja, i scho.‹«

Auf den ersten Blick scheint die Sache recht klar zu sein. Bogner ist ein Grant-Gegner. Ja, er leugnet sogar, dass es das Phänomen überhaupt gibt. Eine nähere Betrachtung zeigt jedoch, dass seine dialektisch feinsinnigen Bemerkungen ihrerseits Ausdruck einer ganz spezifischen Grant-Form sind. Bogner lehnt oberflächliche und schlecht gespielte Grantitüden, also Grant-Attitüden, ab. Er selbst pflegt hingegen einen feinen, verdeckten Grant und spricht – wie alle großen Philosophen – manchmal in Gleichnissen. Ähnlich dem erwähnten Bayern, der sein Hofbräuhaus-Geheimnis für sich behält, verweigert auch Bogner in seinem Krypto-Grant eine positive Antwort auf die Frage, wie es um den Grant wirklich steht. Um dann sofort zu belegen, dass er natürlich sehr genau weiß, wo der wahre Grant daheim ist. Denn im selben Interview grantelt Filmemacher Bogner selbst recht munter vor sich hin: »Mir gengan die Leid auf die Nerven, die versuchen, Bairisch zum reden, obwohl sie's ned können. So was duad ma einfach ned, des is unhöflich. Und dann die, die andauernd in der Tracht umanadarumpeln, in der sie nix verloren haben.«

Was für eine wunderbare Attacke gegen zwei absolute Grant-Garanten der Jetzt-Zeit. Erstens nämlich jenes Deppen-Bairisch, das stets dann aus irgendwelchen Köpfen herausquillt, wenn sich übermütige Menschen aus Jux und Tollerei an einer für sie völlig zu Recht immer fremd bleibenden Hochsprache versuchen. Der Grantler fordert daher: Für bairische Sätze sollte in jedem Fall gelten, was früher für Banknoten galt: »Wer sie nachmacht oder verfälscht, oder nachgemachte oder verfälschte sich verschafft und in Verkehr bringt, wird mit Freiheitsstrafe nicht unter zwei Jahren bestraft.«

Leider ist jenes Volldeppen-Bairisch mittlerweile ständig auf irgendwelchen »boarisch'n Schmankerl-Schpoaskoart'n« zu finden, weil irgendein teilalphabetisierter Eingeborenen-Wirt meint, er müsse eine lauwarme tote Sau als »Schwoansbrot'n mit Gnedl und Soss'« annoncieren. In Grant-Kreisen ist man sich einig, dass auch so was zu sofortigem Konzessionsentzug nach Paragraf 1 der »Verordnung gegen Verhunzung der bairischen Hochsprache« führen muss.

Und die zweite Bognersche Grant-Attacke? Richtet sich vor allem gegen die alljährlich in München aufgeführte ›Tragödie Tracht tragender Trottel‹ (TTTT), auch Wiesn genannt. Kurz gesagt handelt es sich bei TTTT um Deppen-Bairisch zum Anziehen; nämlich um Kasperlköpf aus Stadt und Land, die mit ihrem Kasperlgwand im Landhausstil in die Stadt hereinfahren. Mehr gibt es dazu nicht zu sagen.

Grant-Garanten gibt es hingegen noch jede Menge. Man sehe sich nur einmal in seiner unmittelbaren Nachbarschaft um. Nein, gemeint ist jetzt nicht das urinfarbene, leicht versiffte Wohnmobil, das seit vierzehn Monaten direkt vor Ihrem Fenster parkt. Da möge der Herrgott eines Tages ein Einsehen haben und einen kleinen, ganz, ganz kleinen Meteoriten schicken, der diesen Plastikdreckhaufen ein bisschen tieferlegt – so ein bis zwei Meter unter Niveau. Da gehört er nämlich hin. Das aber nur ganz nebenbei.

In der unmittelbaren Nachbarschaft gibt es grantologisch viel Interessanteres zu entdecken. Etwa jenen Gemischtwarenladen, den man früher Post nannte. Früher, das heißt also vor gar nicht allzu langer Zeit, als für die Schuhe noch der Schuster da war, für das Brot der Bäcker und für die Post – na ja, eben die Post. Heutzutage jedoch wird in jener sogenannten Postfiliale nahezu alles verscherbelt, was der Mensch nicht braucht: vom Bodenventilator über Henkeleimer für Weihnachtssterne bis zur Holzspieluhr ›Winterdorf mit Beleuchtung‹. Wo das Amt neuerdings Shop genannt wird, werden demnächst wohl auch bald Lebensmittel verkauft, damit keiner verhungert, wenn die Warteschlangen beim Shopping immer länger und noch länger werden; viel länger jedenfalls als sie vor der Privatisierung je waren. Heutzutage dringen nämlich selbst geübte und stimmgewaltige Grantler nicht mehr bis nach vorne durch mit ihrem »Zweite Kasse, bitte«. Egal, allzu lang wird es wohl eh nicht mehr dauern, bis auch die allerletzte Filiale wegrationalisiert ist und der eingeschriebene Brief beim Bäcker zwischen warmem Leberkäs und Sommerschuhkollektion aufzugeben ist.

Apropos Bäcker: Kennen Sie noch einen? Eben. Wieder so ein Grant-Garant des Alltags. Die Zeichen des Verfalls sind überall zu sehen. Oft reicht schon ein kleines Plakat an der Hauswand. Unscheinbar, eigentlich nicht der Rede wert. Und doch mit höchst brisanter Botschaft. »Demnächst eröffnet hier für Sie ein Backshop.« Nach dem Postshop also ein Backshop; ein Shop-Schock jagt den nächsten. Jedenfalls fragt man sich als anständiger Grantler sofort: Ein Backshop? Für mich? Warum ausgerechnet für mich? Warum nicht für den Meier, dem haben sie doch grad den halben Magen rausgenommen. Der merkt doch eh nichts mehr. Oder für den Huber, die dumme Sau. Den mag ja wirklich keiner; der hätte eine solche Eröffnung verdient. Warum also für mich? Warum die hundertsiebenundzwanzigste Fertigteigpanscherei im Viertel? Wo doch die Joggingkrusti-Backmischungen der anderen hundertsechsundzwanzig schon eine Magensäure-Produktion im Hektoliter-Bereich auslösen. Jetzt also noch eine mehr! Wenn es da nicht irgendwann in einem Anfall retrograder Peristaltik dazu kommt, dass »die nur leicht angebackenen Brötchen« auch nur leicht anverdaut wieder genau dorthin zurückgelegt werden, wo sie hergekommen sind.

Apropos Erbrechen. Ein immer wieder gern genommener Grant-Anlass ist die moderne Architektur. Vor einigen Jahren schlenderte ein Münchner Zeitungskolumnist an einem sonnigen Nachmittag durch seine Stadt und forderte anschließend einen militärischen Luftschlag gegen besonders hässliche Bausünden. Eine typisch bairische Grant-Attacke, nur mit dem Unterschied, dass sie auch noch in der Zeitung veröffentlicht wurde, was nicht bei allen Lesern gut ankam. Durchaus verständlich, wenn man bedenkt, dass im Zweiten Weltkrieg bei 74 Luftangriffen mehr als 6000 Münchner getötet wurden und die Altstadt danach zu 90 Prozent zerstört war. Also Obacht, mancher Grant kann seinerseits Grant auslösen. Gewarnt sei in diesem Zusammenhang auch vor der Umsetzung einer Handlungsanweisung, die der englische Schriftsteller Evelyn Waugh (1903–1966) einst gab. Waugh erklärte es nämlich zur obersten Pflicht, jedem Architekten, dem man auf einer Party begegnet, sofort eine zu klatschen. Waugh war halt ein böser Zyniker und Kulturpessimist, was doch ganz etwas anderes ist als unser gepflegter bairischer Grantler.

Vor allem, weil Letzterer nur selten auf Partys geht. Wie schimpft schon Molières Menschenfeind sehr passend: »Ach ich könnte speien, wenn ich euch sehe! Wie ich das hasse! Dieses Party-Pack – es ist so glanzvoll wie Metallic-Lack.« Architekten hin, Party-People her – gewalttätig wird er in der Regel nicht mehr, der bairische Grantler, weil die Zeiten des groben Grants längst vorbei sind.

Ausnahmen sind freilich denkbar. In besonderen Fällen sogar wünschenswert. Zum Beispiel, wenn es um den Einsatz des Laubbläsers geht, der vermutlich dümmsten zivil genutzten Erfindung aller Zeiten. Nichts, aber auch gar nichts bringt sie, schon gleich gar keine Arbeitsplätze; im Gegenteil. Nun könnte man natürlich an dieser Stelle entgegnen: Prima, es dürfen also Tausende freigesetzter Besenschieber morgens schön ausschlafen. Aber nichts da.

An einem ruhigen Novembermorgen, kurz nach acht – unser ehemaliger, neuerdings arbeitsloser Laubrechenhandarbeiter dreht sich gerade zum zweiten Mal in seinem Bett herum und setzt zu einer neuen Schlafrunde an – da taucht aus dem Herbstnebel das schwerbewaffnete Ein-Mann-Terrorkommando auf und beginnt ohne Kriegserklärung den 100-Dezibel-Dauerbeschuss mit einem stufenlos regelbaren Foltergerät namens Laubbläser. Bei einer Blasgeschwindigkeit von 270 km/h wird alles weggeschossen, was im Weg liegt. Nicht nur Hundekotpartikel und Pantoffeltierchen, auch die sanften Träume unseres freigesetzten Gärtners. Und sogar die insgesamt zwanzig bunten Herbstblätter, die der Laubbläser von einer Ecke des Innenhofes in die andere jagt, und wieder zurück. Das Ganze dauert etwa dreißig Minuten, unendlich lang also. »Ein Ende des Terrors war nicht abzusehen«, könnte es später im Gerichtsurteil heißen. Zu Recht habe sich der Anwohner am frühen Morgen durch die völlig unsinnige Laub-hin-und-her-Blaserei tyrannisiert gefühlt, weshalb er dem Ruhestörer seinen Laubblasebalg gewaltsam entriss, um diesen gegen jenen selbst zu wenden. Dabei konnte der verärgerte Anwohner nicht ahnen, welch verheerende Wirkung durch schnelles Umschalten von Blasen auf Saughäckseln entstehen kann, insbesondere wenn die kraftvolle Häckselturbine, die nicht nur das Laubvolumen um bis zu 90 Prozent reduziert, gegen Menschen eingesetzt wird. Der Anwohner könnte also vielleicht – auch wegen berechtigten Grants und guter Führung – nach einem Jahr wieder auf freiem Fuß sein. Und anschließend seine Ruhe genießen, weil es keine Laubbläser im Universum mehr gibt. Nun gut, träumen wird man ja noch dürfen …

Ausgesprochen Grant-tauglich ist der Öffentliche Personennahverkehr. Schon in dem Wort steckt alles drin, was dem Grantler zutiefst zuwider ist. Öffentlich – klingt wie Bedürfnisanstalt, also verpinkelte Männertoiletten etc. Dann die unselige Kombination von ›Personen‹ und ›nah‹. Nichts hasst der Grantler mehr als andere Leute, die ihm in irgendeiner Weise nahe kommen. Noch dazu, wenn es sich um ›Personen‹ handelt. Viel spräche also dafür, dass der Grant den Autoverkehr bevorzugt, denn da sind die vielen, allzu vielen Deppen auf Deutschlands Straßen wenigstens in Blechschachteln eingesperrt. Er allerdings auch, das heißt, er kann zwar wunderbar vor sich hin schimpfen: »Geh weida, fahr zua, du Hirn!« – und Ähnliches mehr. Aber der Nachteil dabei ist, dass ihn keiner hört; wenigstens keiner von denen, die der Grantler eigentlich meint. Und so was geht natürlich gar nicht. Schließlich ist er in seinem Innersten ein zutiefst soziales Wesen. Denn was wären Grantler, die kein Gegenüber mehr kennen? Lauter Ferngesteuerte, die wie Aquariumsfische lautlos vor sich hin schimpfen, in ihren Autos hockend. Vielleicht liegt es ja an eben diesem Autoverkehr, dass wir den Eindruck haben, der

Grant sei am Aussterben. Oder wie sagte schon der unnachahmliche Proleten-Grantler Mundl Sackbauer in *Ein echter Wiener geht nicht unter*: »Weißt was? Ich scheiß aufs Autofahrn.«

Jedenfalls braucht der Grant die Nähe. Denn er ist das Gegenteil von sozialer Kälte. Grant kümmert sich um seine Umwelt, läuft nicht anonym aneinander vorbei, nein, Grant raunzt und mault. Klar, was sonst, schließlich kann man nicht den ganzen Tag alle Leute umarmen und lieb haben. Würden einen ja die Leut für deppert halten. Also lieber raunzen und maulen. Dafür reichen die öffentlich-nahen Personen allemal. Wo sonst bietet sich besserer Nährboden für Grant als in der U-Bahn? Das Schauspiel beginnt meist schon im Zwischengeschoss des U-Bahnhofs, vor dem Kartenautomaten. Es dauert und dauert und dauert, bis der Apparat die Streifenkarte auswirft. Endlich lässt er sie fallen, die Karte, man nestelt an dem Plastikdeckel herum, um sie herauszufischen und mit ihr auf den Entwerter zuzustürzen. Aber der eine geht nicht, und am anderen stehen viele Menschen, von denen der vordere erst einmal gemächlich in seinem Geldbeutel nach dem Billett sucht und die Streifen abzählt, während von unten schon das Rauschen des einfahrenden U-Bahn-Zuges zu vernehmen ist. Wenn der Grantler dann endlich auch entwertet hat und die Rolltreppe mehr hinuntergestürzt als -gelaufen ist, rennt er auf den Waggon zu und hört gerade noch die freundliche Stimme: »Zurückbleiben, bitte!« Und weg ist sie. Der Grantler sieht nurmehr die roten Schlusslichter. Ein bedauerliches Einzelschicksal, die meisten sind nämlich glücklicherweise gerade noch mitgekommen. Also heißt es warten, mit all den anderen Fußkranken, die gerade Rot gesehen haben. Just das ist die hohe Zeit für den Grant. Halblaut hört man ihn schimpfen: »300 Millionen Fahrgäste im Jahr. Und immer kommen alle gleichzeitig, nämlich wenn ich grad eine Streifenkarte kaufen möcht.«

Grant geht übrigens auch oberirdisch ganz gut. Es ist noch gar nicht lange her, da stand eine Frau an der Münchner Trambahnhaltestelle Schellingstraße, direkt vor dem legendären Schelling-Salon, der nicht nur wegen seiner guten Speisen zu moderaten Preisen, sondern auch wegen seiner alles andere als grantigen, nämlich durchaus sehr freundlichen Bedienungen bekannt ist, und natürlich nicht zuletzt für seine bis ins Jahr 1872 zurückreichende Familientradition sowie für seine illustren Gäste: unter anderem die Herren Lenin, Theodor Heuss, Franz Josef Strauß, Bertolt Brecht, Rainer Maria Rilke, Wassily Kandinsky, Henrik Ibsen, Franz Marc, Hans Carossa oder Joachim Ringelnatz. Den notorischer Zechpreller aus Österreich, der später zum größten Verbrecher aller Zeiten werden sollte, lassen wir lieber weg.

Jedenfalls stand vor diesem altehrwürdigen Lokal eine Frau mittleren Alters. »Gepflegte Erscheinung in den besten Jahren«, würde man wohl als Erstanamnese bei der Partnervermittlung ins Dossier schreiben. Als die Dame nun vor dem Schelling-Salon zum Stehen kam, war das Wichtigste bereits vorbei. Nämlich das beschleunigte Heranstöckeln der Gnädigsten, die auf den letzten hundert Metern nahezu Akrobatisches vollbrachte, um die Tram zu erreichen, ohne den Halt oder den Absatz ihrer Pumps zu verlieren. Zwei von den drei anvisierten Zielen konnte sie auch erreichen. Halt und Absatz waren jedenfalls noch gegeben, als der Trambahnschaffner der Dame per Knopfdruck die Türen vor der Nase zumachte, obwohl er ihren Spurt schon seit 150 Metern genüsslich beobachtet hatte. Man darf also davon ausgehen, dass die Dame nicht ganz sein Typ war. Was dann passierte, ist mit dem Begriff Vulgär-Grant nur vage umschrieben. Die gepflegte Erscheinung jedenfalls schimpfte in einer Weise, die definitiv nicht als ladylike in den besseren Benimmbüchern zu finden ist.

Sie wollte sich auch nicht beruhigen, zumindest nicht, bis die nächste Tram ankam und den personifizierten Grant auf Stöckelschuhen endlich mit sich fort nahm.

Hübsch ist auch jener Dialog aus dem Internet, der belegt, dass Grantologen in der Münchner Tram stets anschauliches Material finden können. »Wie kann ich mich dagegen wehren, dass eine Mutter mit Kinderwagen an der falschen Trambahntür einsteigt?«, fragt ein User im Netz. Ein grantologischer Klassiker, wie schon die Wortwahl belegt. Der Fragesteller legt sogar noch nach: »Wenn Leute mit Kinderwagen an den falschen Türen zusteigen, sagen die Fahrer nie was. Was kann ich tun, damit solche Leute wieder aussteigen und an der anderen Tür einsteigen? Ich will nicht über einen Dreckskinderwagen steigen müssen, wenn ich aussteige.«

Man beachte an dieser Stelle die Schönheit des formalen Aufbaus, die Grant-Klimax, mit der sich der Fragesteller dem Höhepunkt, sprich: der Eskalation nähert. Diese ist definitv fällig, wenn der Fragende jenen Rat befolgt, den ihm ein Wohlmeinender im Internetforum gegeben hat: »Schieb den Wagen wieder raus, führe ihn außen an der Straßenbahn entlang durch die erste oder letzte Tür wieder rein und sag: »So.« Eine schöne Idee. Vorausgesetzt, der Kinderwagenhasser kommt noch dazu, »So« zu sagen, angesichts einer hormonell ohnehin etwas aus dem Gleichgewicht geratenen Jungmutter.

Trambahnfahren ist seit jeher gut geeignet, den bairischen Grant leibhaftig mitzuerleben – eine Tatsache, die sogar in die Literaturgeschichte eingegangen ist. Der Wahlmünchner und Literaturnobelpreisträger Thomas Mann hatte, lange bevor er mit seiner späteren Frau Katia Pringsheim zum ersten Mal ein Wort sprach, ein recht konkretes Bild von ihr. Mit dem Opernglas hatte er sie bei Konzertbesuchen mehrmals beobachtet und auch in der Trambahn schon öfter gesehen. Dort erlebte er eines Tages eine Szene, die Katia später in ihren Memoiren so beschreibt:

> **Als ich aussteigen wollte, kam der Kontrolleur und sagte: Ihr Billet! Ich sag: Ich steig hier grad aus.**
> **Ihr Billet muss i ham!**
> **Ich sag: Ich sag Ihnen doch, dass ich aussteige. Ich hab's eben weggeworfen, weil ich hier aussteige.**
> **Ich muss das Billet –. Ihr Billet, hab ich gesagt!**
> **Jetzt lassen Sie mich schon in Ruh!; sagte ich und sprang wütend hinunter.**
> **Da rief er mir nach: Mach dass d' weiterkimmst, du Furie!**

In diesem Fall hatte der Grant die Aufgabe, einen lästigen Mitmenschen abzuwimmeln. Grant kann aber auch das Gegenteil bewirken, kann als eine Art Duftmarke fungieren. Thomas Mann jedenfalls war hingerissen von der grantig-widerspenstigen Katia und wollte sie danach unbedingt kennenlernen. Was ja auch geklappt hat. Granteln verbindet eben. Und ist im Grunde auch gar nicht so schwer. Probieren Sie es doch einfach mal. Steigen Sie ein, suchen Sie sich einen Platz und fangen Sie an, einfach so in die Tram hineinzugranteln, in der Hoffnung, dass einer mitgrantelt oder zurückgrantelt. Zuerst suchen Sie sich ein Thema. Das Scheißwetter ist immer ein dankbarer Einstieg. Oder die unrunde Fahrweise des Tramfahrers. Oder der fehlende Platz, weil wieder mal jemand seine drei Einkaufstüten auf dem Sitz abgestellt hat. Eine günstige Gelegenheit findet sich meistens, und schon geht es los: Man mault sich an, schaut dabei ganz, ganz böse, lächelt aber in Wirklichkeit in sich hinein und freut sich, einen so netten, wesensverwandten Menschen getroffen zu haben, der einem die lange Fahrt vom Mariahilfplatz bis zum Stachus ein bisschen kurzweiliger erscheinen lässt. Man erkennt sich als zum selben Stamme zugehörig; wobei Stamm eher mentalitätsmäßig oder philosophisch zu verstehen ist, keineswegs ethnisch. Theoretisch könnte also sogar ein Preuße in eine Grant-Battle mit einem Einheimischen einsteigen.

Diese Art von divertimento bavarese ist angesichts seiner Basslastigkeit und der schrägen Töne für Außenstehende nicht immer leicht zu verstehen. Aber es funktioniert, wie folgendes Beispiel aus Martha Feuchtwangers Erinnerungen *Nur eine Frau. Jahre, Tage, Stunden* beweist. Feuchtwanger trifft an jenem Tag und in jener Stunde nämlich auf keinen Geringeren als Karl Valentin und seine kongeniale Partnerin: »Ich habe ihn ganz gut gekannt, und eines Tages traf ich ihn und die Karlstadt in der Elektrischen. Als er mich sah, grüßte er nicht, sondern setzte sich in die entfernteste Ecke, nachdem er erst neben der Karlstadt gesessen hatte. Sie fing an, aus einer Tüte Pflaumen zu essen. Valentin von seiner Ecke schrie durch die ganze Elektrische: ›Sie, das g'hört sich fei net, dass man in aller Öffentlichkeit aus der Stranitzen isst.‹ Und zu mir gewandt: ›Hab ich nicht recht, Frau Nachbarin?‹ Die Karlstadt schrie erbost zurück: ›Das wär ja noch schöner, wenn man nicht mehr in Ruhe Zwetschgen essen darf in der Elektrischen. Wer hat Sie denn überhaupt g'fragt um Ihre Meinung?‹ – ›Ich sag meine Meinung, ob S' wollen oder net.‹ Die beiden schimpften laut und herzhaft. Bald mischten sich die anderen Fahrgäste ein, und es entstand ein wüster Lärm. Da waren die beiden am Ziel angelangt. Valentin lüpfte sein Hütchen und sagte: ›Nichts für ungut, Frau Nachbarin.‹ Sie brummelte vor sich hin, er blinzelte mir zu. Dann stiegen sie aus. Die Leute schimpften noch lange über den spinnerten Tropf.«

Doppelkinn und Lätschenziaga: Die Physiognomie des Grants

Der Grant hat viele Gesichter. Schöne und weniger schöne, breite und runde, schmale, längliche, dicke und – was südlich der Donau gar nicht so selten ist – auch richtiggehend herausgefressene (soll heißen von Hopfen, Malz und Schwein dauerhaft wohlgeformte). Solche Grant-Gesichter können dumm oder gscheit dreinblicken, gschert oder feinsinnig wirken, poetisch oder grobschlächtig sein. Eines haben sie alle gemeinsam: nämlich den kräftigen Musculus depressor anguli oris, der auf Deutsch ›Mundwinkelniederzieher‹ und auf Bairisch ›Lätschenziaga‹ heißt.

Selbstverständlich kennt der Grant auch das Gegenstück, nämlich den Musculus risorius, also den Lachmuskel. Wie sonst sollte man mimisch jene Heiterkeit anzeigen, die sich breitmacht, wenn es einen Mitmenschen zum Beispiel auf die Lätschen haut – sprich: wenn dieser zu Boden stürzt – oder wenn er gar gerade die U-Bahn verpasst hat. Schadenfreude, ein elementares Grundgefühl im Stimmungshaushalt des Grants, braucht also den Lachmuskel. Dennoch sei der Risorius, sagen die Fachleute, beim Menschen relativ schwach ausgebildet. Was den Grantologen überhaupt nicht überrascht, belegt es doch einmal mehr, dass der Mensch nicht viel zu lachen hat, angesichts des Menschen.

Es ist nicht ganz einfach, diesbezüglich eine wissenschaftliche Formel aufzustellen. Aber wir würden Folgendes vorschlagen: Dort, wo das Verhältnis Musculus depressor anguli oris zu Risorius den Faktor 3 überschreitet, dort wo also der ›Lätschenziaga‹ absolut vorherrscht, da hat der Grant seine wahre Heimstatt. Als Hautmuskel des Kopfes entspringt er am Unterkiefer und ist bei Fleischfressern – welche im Reich des Grants nicht gerade selten sind – ursprünglich mit der oberflächlichen Schicht der Halsmuskulatur verwachsen. Letztere ist beim Menschen in der Regel von außen gut erkennbar. Beim Baiern hingegen nicht immer. Was nicht heißen soll, dass Baiern grundsätzlich keinen Hals haben; nein, es schaut oft nur so aus, als säße der Kopf direkt auf dem Rumpfe. Was übrigens keine wesentlichen Behinderungen mit sich bringt und bei den Stämmen des Südens auch nie als Nachteil gewertet wurde; im Gegenteil. So wie bei den Frauen der südostasiatischen Padaung (sprich: Pado-ong) die langen Giraffenhälse für attraktiv gehalten werden, kann Halslosigkeit in Bayern – zumindest bei kräftigen Männern (sprich: Gschwoischädln) – durchaus als Ausdruck von Schönheit gelten, zumindest jedoch von Durchsetzungskraft und virilem Machtstreben zeugen.

Wer jetzt meint, solch eigentümliche Schönheitsideale gebe es nur in Bayern, der besuche einfach mal das Staatliche Museum Ägyptischer Kunst in München. Dort steht in einer Vitrine die Statue eines kräftigen, untersetzten Mannes. Stiernackig, mit etwas zu großem Kopf und kurzem Hals, mit kahlem Schädel, niedriger Stirn, Doppelkinn und platter Nase wirkt er auf den ersten Blick etwas einfältig und mürrisch. Ein echter bairischer Grantler, möchte man meinen. Nur wenn man genauer hinschaut, erkennt man seinen verschmitzten Gesichtsausdruck, der eine Art Bauernschläue widerspiegelt. Sein wacher Blick und die Schmallippigkeit verraten auch, dass man ihn nicht unterschätzen sollte; er kann nämlich auch anders. Und bevor Sie jetzt sagen: »Ja he, den kenn ich doch. Das ist doch der .....«, sei lieber gleich verrraten: Es handelt sich bei dem beschriebenen

Herrn um die Kupferstatue eines hohen ägyptischen Beamten aus dem Mittleren Reich (2137 bis 1781 v. Chr). Ein Großkopferter also, ausgestellt in einer Vitrine mit anderen gottgleichen Wesen wie Krokodil oder König.

Es soll an dieser Stelle nicht darüber philosophiert werden, wie viele Gemeinsamkeiten es gibt zwischen dem Ägypten der 11. und 12. Dynastie (Mittleres Reich von Mentuhotep I. bis Nofrusobek) und dem Bayern der CSU-Dynastie (Mittleres Reich von Alfons Goppel bis Franz Josef Strauß beziehungsweise Spätreich von Max Streibl über Edmund Stoiber, Günther Beckstein bis Horst Seehofer).

Es sollte nur gezeigt werden, dass Doppelkinn und kurzer Hals im Verbund mit einer gewissen mentalen Stiernackigkeit nicht nur in Bayern politische Karrieren befördern und den Auserwählten bis in höchste Ämter hinaufhieven können.

Ob diese offenbar seit Jahrtausenden bestehende Verbindung von Halslosigkeit und Führungsanspruch genetisch verankert ist, kann nicht mit Gewissheit gesagt werden. Auch nicht, ob das Fehlen von Doppelkinn und kurzem Hals Hinweis auf ein nicht vorhandenes politisches Rückgrat und somit eine typische Verfallserscheinung von Spätreichen ist – was natürlich erklären würde, warum die CSU neuerdings mit der 50-Prozent-Marke zu kämpfen hat.

Tatsache ist nur, dass Halslosigkeit in Bayern bis heute als Fleisch gewordener Grant gedeutet wird. Und der gilt als Ausdruck der allerwichtigsten bairischen Kardinaltugend, nämlich des Eigen- oder Starrsinns. Oder positiv formuliert: der kulturellen und politischen Selbstbehauptung. Solange der bairische Klein-Grantler seinen Fernsehapparat aufdreht und auf dem Bildschirm einen möglichst stiernackigen Menschen mit voll aktivem Musculus depressor anguli oris über »die da oben in Berlin« granteln hört, fühlt er sich optimal repräsentiert. Die Welt ist in Ordnung.

Es versteht sich von selbst, dass man die Motive für den Grant nicht immer politisch überhöhen muss. Manchmal reicht schon ein zäher oder versalzener Schweinsbraten mit zu wenig Soße oder mit einem lacken, eventuell sogar zu warmen Bier dazu, um den ›Lätschenziaga‹ im Bruchteil einer Sekunde auszulösen. Auch dann ist Vorsicht geboten. Denn unser ›Musc. dep. ang. or.‹ fungiert als eine Art Reißleine, die den Worst Case verhindern soll. Wo der ›Mundwinkelniederzieher‹ als Ausdruck von Enttäuschung und Trauer einmal ausgelöst ist, kann – und sollte – das Gegenüber schnell reagieren, etwa indem es schleunigst ein frisches Bier oder mehr Bratensoße bringt, bevor sich der Grant handfest manifestiert und es zum großen Aufschlag respektive Einschlag kommt. Der Grant ist nämlich seinem Ursprung nach durchaus handgreiflich. Aber keine Angst: er gibt seinem Gegenüber immer eine letzte Chance, bevor es zu Schlimmerem kommt. Sage also keiner, er sei nicht gewarnt worden von jenem Grant, der in irgendein beliebiges Gesicht geschrieben stand.

Der grobe Grant

Es gibt keinen Zweifel darüber, dass der grobe Grant die Urform aller späteren zivilisierten Formen ist. Greifen wir deshalb noch einmal jene Spur im Grimmschen Wörterbuch auf, der zufolge die Wurzeln in Begriffen wie bissig, scharf, rücksichtslos liegen. Auch das Grobkörnige, Abweisende, Heftige und mitunter Unwirsche könnte Pate gestanden haben, wenn es um die geistige und charakterliche Ahnenreihe des bairischen Grant geht. Schon eine der ersten schriftlichen Erwähnungen der Bajuwaren weist auf deren herbe Eigenarten hin. Der Priester und spätere Bischof Venantius Fortunatus warnt im Jahr 576 in einer Art Pilgerreiseführer: »Wandere hin über die Alpen, wenn dir der Baier nicht den Weg versperrt.« Dieses Wegversperren könnte symbolisch gemeint sein, ist es aber nicht. Denn der Baier, der dem Reisenden »hindernd« in den Weg tritt, war mit hoher Wahrscheinlichkeit ein rauer Bursche, dem der Grant schon ins Gesicht geschrieben stand. Venantius, ein gebildeter und kluger Mann aus dem Italienischen, war offenbar in der Lage, dieses Grant-Gesicht seinerzeit richtig zu deuten. ›Bissig, scharf, rücksichtslos‹ sind durchaus passende Vokabeln, denn nur 70 Jahre später waren es genau jene »Baioarii«, die einem Bericht des fränkischen Chronisten Fredegar zufolge, 9000 Bulgaren samt »Weibern und Kindern« erschlugen. Der Befehl kam vom fränkischen König Dagobert I., die ausführenden Massenmörder waren die Baiern. Ein wahrhaft grausamer Grant.

Auch innerhalb des Stammes ging man seinerzeit nicht gerade zimperlich miteinander um. Die Lex Bajuvariorum, das bairische Stammesrecht des 8. Jahrhunderts, kennt 31 verschiedene Grade der Körperverletzung, die mit viel Liebe zum Detail aufgeführt werden. Der lebensnahe Bußgeldkatalog reicht vom klassischen Raufen bis zum bösartigen Schädelspalten. Hraopant, das gewaltsame Festhalten des Gegners – ohne ihn dabei allerdings zu fesseln – war seinerzeit offenbar weit verbreitet. Im Allgemeinen zahlte man dem Gegner dafür eine Grundgebühr von sechs Solidi, also Schillinge. Zuschläge gab es zum Beispiel für Pulislac – den Beulenschlag – eine Körperverletzung im Affekt. Der kostete zusätzlich einen Schilling, allerdings nur, wenn man einen Freien prügelte. Für malträtierte Knechte gab es allenfalls eine Abmahnung.

Der Grant in seiner groben Urform konnte recht schmerzhaft sein, war er doch meist eine recht handgreifliche Angelegenheit. Das Raufen war quasi ein Naturrecht und somit keineswegs verwerflich. Die Obrigkeit mischte sich lange Zeit gar nicht ein, wenn sich die Untertanen die Schädel einschlugen. Bußgeldkataloge wie in der Lex Bajuvariorum sollten allenfalls eine Eskalation verhindern, schließlich sollte es nicht zur Langzeit-Vendetta kommen, bei der sich ganze Familien sukzessive ausrotteten. Deshalb musste man der geschädigten Sippe Geld bezahlen, damit wieder Friede einkehrte. Ansonsten war die Rauferei dem Landesherren auch in späteren Jahrhunderten reichlich egal, bis ins 16. Jahrhundert hinein wurde nicht einmal der Totschlag bestraft, schreibt Reinhard Heydenreuter, Autor der *Kriminalgeschichte Bayerns*. Erst als sich die Sterbefälle durch Gewalteinwirkung häuften, sah sich der Staat genötigt, verstärkt einzugreifen.

Grant-Abbau mittels Faustkampf blieb aber weiterhin Ehrensache. Eine Aufforderung zum Kampf abzulehnen, wäre nur unter Verlust der Ehre möglich gewesen. Ein offener, fairer

Schlagabtausch mit klaren Regeln galt deshalb bis weit ins 20. Jahrhundert hinein als sportliche, meist auch gesunde und sozialverträgliche Art der Freizeitgestaltung und Grant-Verarbeitung.

Anlass zum Raufen bot sich im Alltag faktisch immer. Hochzeiten, Wallfahrten, vor allem aber Kirchweihfeste waren wunderbare Gelegenheiten, um Konflikte auszutragen, beziehungsweise ad hoc welche zu erfinden, um sie schnellstens wieder mit Gewalt aus der Welt zu schaffen. Für all das gab es feste Spielregeln – das Ganze hatte also eher den Charakter einer Sportveranstaltung, bei der einigermaßen voraussehbar ist, wie der andere sich verhält. Deshalb regte sich auch keiner besonders auf, wenn es bei einer Brautwerbung zur Schlägerei kam. Die Schriftstellerin Lena Christ erzählt in ihren *Bauerngeschichten* von einem solchen Fall. Ein paar junge Burschen kommen zum wohlhabenden Moserbauern von Kreuth; zwengs der beiden heiratsfähigen Töchter. Und natürlich auch zwengs der Mitgift. Unseligerweis pilgern aber gleich vier Freier gleichzeitig auf den Hof; was natürlich zu Spannungen führt, zu Wortwechseln und ...

Die Reiserbuben stürzen sich gleich wilden Hunden auf die beiden Spötter. »Was habt's gsagt? Hund habt's gsagt! Handwerksburschen habt's gsagt! Fliangfanger habt's gsagt!« Und schon dreschen ihre Fäuste auf die beiden los, dass es nur so kracht.

Die Raufhanseln gehen bei Lena Christ übrigens allesamt leer aus, den Stich bei den Mosertöchtern machen zwei saubere Burschen, die nicht mitgekämpft haben. Gerauft wird trotzdem weiterhin. Denn der Grant ist seit jeher ein Fass ohne Boden; er wirkt ansteckend. Oskar Maria Graf beschreibt in *Unruhe um einen Friedfertigen* die Beerdigung eines Dorfbürgermeisters gegen Ende des Ersten Weltkriegs. Anwesend sind viele Kriegsheimkehrer. Die Grabrede hält ein alter, reicher Bauer, der selbst von den Kriegswirren verschont geblieben ist, aber dafür umso martialischer zu reden versteht, denn er ist Vorsitzender vom Krieger- und Veteranenverein. Sein Patriotismus kommt bei der kriegsmüden Grabgesellschaft nicht gut an. Es entzündet sich ein Streit in der überfüllten Stube vom Postwirt. Ein Wort gibt das andere, immer wilder geht es zu. Und plötzlich bricht der Sturm los.

Alle waren aufgesprungen. Die Weiber kreischten laut auf, zwängten sich aus den voll besetzten Tischen und liefen auf die Tür zu. Vorne am Soldatentisch klatschte es schon. Die steinernen Maßkrüge fielen um, zischend ergoss sich das Bier auf den Boden, dann fiel der ganze Tisch um, und ehe es zu einem allgemeinen Raufen kommen konnte, geschah etwas so Verblüffendes, dass es fürs Erste einem jeden die Rede verschlug. Der riesige, bärenstarke Allberger-Ludwig hatte den mittelgroßen, heftig um sich schlagenden, brüllenden Heingeiger-Silvan grifffest erwischt, hob ihn wie ein Bierfass in die Luft und warf ihn mit aller Wucht durch das klirrend auseinandersplitternde große Fenster, dass er draußen auf der Straße gestreckterlängs und zuckend liegen blieb. »So«, sagte der Ludwig, ohne sich um die Schreckwirkung zu kümmern: »Jetzt kann's weitergehen!«

Raufhändel beschränkten sich keineswegs auf ländliche Gegenden oder auf die Unterschichten. Die sogenannte bayerische

Art war bis in die höchsten Kreise hinein verbreitet. Noch im 19. Jahrhundert waren angesehene Herrschaften alles andere als zimperlich und langten auch selbst gern mal hin. 1877 etwa berichtete das Münchner Tagblatt, dass sogar Münchens Stadträte kräftig zuhauen konnten. Bei dem Kellerfeste am Aktienbrauereikeller ahmte der Bürgermeister von Hamburg das Beispiel des Münchner Stadtbaurates Zenetti nach und nahm von der Dekoration einen gemalten Schmetterling zum Andenken herab. Der arme Mann wusste nicht, was er da tat. Er konnte ihn ja noch nicht kennen, den berühmten Schmetterlingseffekt aus der Chaostheorie, wonach ein kleiner Flügelschlag ausreicht, um am anderen Ende der Welt einen Tornado auszulösen. Nicht einmal die bairische Variante des Effekts war ihm geläufig, derzufolge ein gemalter Schmetterling ein Grant-Gewitter erster Güte auszulösen imstande ist. Jedenfalls wurde der Bürgermeister von Hamburg im nächsten Augenblick von zwei Münchner Magistratsherren gepackt, zu Boden geworfen und an die frische Luft gesetzt. Der Herr Bürgermeister reiste am andern Morgen übrigens ab. Soviel bekannt ist, ohne Schmetterling. In diesem Fall hatte der handgreiflich gewordene Grant vor allem die Funktion, eine offenbar kurzzeitig etwas verschwommene Grenze zwischen In-Group und Out-Group, also zwischen denen, die dazugehören und jenen, die allenfalls Zugereiste sind, wieder etwas deutlicher zu konturieren.

Der Grant konnte im einst fromm-katholischen Bayern aber auch eine ganz andere Funktion erfüllen und der Triebabfuhr als einer spezifischen Form des Rausschwitzens beziehungsweise Dampfablassens dienlich sein. Ludwig Ganghofer – der Heimatdichter und Bestsellerautor des 19. Jahrhunderts – berichtet im autobiografischen *Lebenslauf eines Optimisten*, wie er in Augsburg 1869 als 14-Jähriger seinen Frust abgearbeitet hat:

Eine ganze Woche lang war ich schrecklich traurig – und um mich wieder zu mir selbst zu bringen, bedurfte es einer fürchterlichen Rauferei, die zwischen den Realgymnasiasten und den Stadtstudenten von St. Stephan auf dem großen Domplatz ausgefochten wurde. Da fühlte man wieder, dass man Mensch war, und alle gesunden und frohen Lebenskräfte tauchten aus bedrückter Seele neu empor. Der Sieg des Realgymnasiums war ein vollständiger. Mit den huministischen (sic!) Linealen, Federbüchsen und Buchdeckeln, die auf geweihter Stätte liegen blieben, hätte man einen Schubkarren anfüllen können.

Der grobe Grant als Mittel der Menschwerdung. Man stelle sich solche Schlachten wild Pubertierender heutzutage nur einmal vor, in Zeiten hysterischer Eltern und überängstlicher Schulleiter. Vermutlich würde eine Garnison psychologisch ausgebildeter Streitschlichter und besorgter Sozialpädagogen gar nicht reichen …

Was käme gar zum Einsatz, wenn es heute so zuginge wie früher im Rottal oder im Innviertel: GSG 9? Bundeswehr? Oder Blauhelme? Im Innviertel, das einst bayrisch war und heute zu Österreich gehört, taten sich die jungen Burschen früher gern zu sogenannten Zechen zusammen und studierten Landler ein, um bei Festen gegeneinander anzutreten. Allerdings nicht nur beim Tanz, sondern danach auch beim Raufen: Zeche gegen Zeche. Weil es halt so Brauch war und weil man einen Grant hatte auf die anderen, auch wenn man nicht wusste, warum, was aber wurscht war, denn es reichte, dass es so war, wie es war, weil es immer schon so war; was zur Folge hatte, dass man mit denen da drüben eben nicht zimperlich umging. In österreichischen Volkskundemuseen gibt es interessante Sammlungen von

Raufwerkzeugen, die den Innviertler Bauernburschen abgenommenwurden, nachdem sie diese im Nahkampf verwendet hatten: Totschläger, Faustwehren, Hobeleisen, Nasen- und Wangenschlitzer.

Ach ja, die gute alte Zeit, als die jungen Leute noch alles in liebevoller Handarbeit selbst machten; etwa feine Zacken in die Schlagringe feilten oder Heiligenbildchen draufbastelten.

Manches Mal wurde der Stoß- und Schlagring mit Bildern des heiligen Antonius und Benediktus verziert, damit durch die Fürbitte der Heiligen die zerschlagenen Köpfe wieder heilen konnten. Immer fromm war er also, der junge katholische Mensch, der sein sogenanntes ›Bayerisches Eisen‹ halb verdeckt in der Faust führte, um bei der nächtlichen Rauferei im Wirtshaus dem Gegner einen Schlag aus heiterem Himmel zu verpassen. Der heilige Antonius kam also unter Umständen mit unerbittlicher Härte von schräg oben auf einen der Kombattanten herab. Vor diesem Hintergrund ist auch verständlich, warum der Heilige oft dargestellt wird als einer, der Tote erwecken kann. Die Hoffnung stirbt bekanntlich zuletzt.

Wunder ist es also keines, dass den Baiern seit alters nicht nur ein ausgeprägter Sinn für Feste, Prunk und Prozessionen, sondern auch für ausgedehnte Raufereien attestiert wird. Diese verschiedenen Facetten im bairischen Gemüt sind es auch, die den Grant nach unserer Definition ausmachen. Nicht nur Greinen, Schimpfen und Nörgeln gehören dazu, sondern auch das Feiern, das Protzen, das Auftrumpfen in der Öffentlichkeit – sich das Hemd aufzureißen und dem Gegner stolz mit offenem Visier entgegenzutreten – all das gehört zur theatralischen Ader des Baiern. Also zum Grant im weiteren Sinne.

Gerhard Polt, der ›Grantulus maximus‹ unter den deutschen Kabarettisten, hat in seinem Stück *Attacke auf Geistesmensch* in unnachahmlicher Weise gezeigt, wie dünn der Firnis der Zivilisation im Reich des Südens sein kann, wenn eine theatralische Auseinandersetzung alle Eskalationsstufen durchläuft, ohne dass die Beteiligten das Gefühl haben, etwas Falsches zu tun, auch wenn das Opfer – in diesem Fall ein Nobelpreisträger – am Ende gar nicht mehr gut ausschaut, sondern »eher schlecht«. Problembewusstsein war jedenfalls weder beim Protagonisten Adi noch bei seinem erzählenden Spezl vorhanden:

> **Der Adi hat überhaupt nicht zugeschlagen, von Zuschlagen kann keine Rede sein, sondern er hat dem Zwetschgenmanderl den Maßkrug lediglich auf dem Schädel aufgesetzt, und dann war eine Ruhe. Wir haben dann noch gleich ein Bier getrunken, und es war eine Bombenstimmung. Und ich habe noch einen türkischen Honig gegessen und einen Klosterlikör, also am Oktoberfest ist es schon schön.**

Bis auf einige unrühmliche Ausnahmen ist dieser grobe Grant heutzutage weitgehend ausgestorben. Man mag das im Einzelfall bedauern, aber in der Regel sind sie glücklicherweise vorbei, jene moralisch unverkrampften Zeiten des munteren Schädelspaltens; auch wenn es heute noch gelegentlich zu inoffiziellen Wettbewerben im Masskrugwerfen oder ähnlichen bajuwarischen Grobheiten kommen mag. Mit dem »Prozess der Zivilisation« (Norbert Elias), der auch an den Baiern nicht gänzlich vorübergegangen ist, wenngleich er im Extremfall binnen weniger Sekunden umkehrbar sein kann, wandelten sich nicht nur die Sozial- und Persönlichkeitsstruktur, sondern langfristig auch der Grant selbst. Staatliche Aufsicht und gegenseitige Abhängigkeit der Menschen führten zu mehr Selbstkontrolle und sinkender Gewaltbereitschaft. Am Ende steht heute eine Angestelltenkultur, die jeden Rempler auf dem Bürgersteig mit bösen Blicken straft und eine Watschn garantiert nicht ohne Anzeige lässt, weshalb auch in Bayern und Österreich die Raufereien immer seltener werden. Friedlicher ist die Welt deshalb nicht geworden, aber der Grant wurde im Laufe der Zeit zahmer und körperloser. Nolens volens brachte der Grant-Baier also sein Triebopfer, und die physische Aggression verwandelte sich mancherorts in zahme Schuhplattler- und Goaslschnoizer-Events, Fingerhakel-Contests oder Schnupfweltmeisterschaften. Es sollen auch schon vereinzelte Hinweise auf höhere Kulturstufen gefunden worden sein. Aber nichts Genaues weiß man nicht, nur so viel scheint sicher: Aus grobem Grant wurde feinerer, die unterdrückte Wut führte via Triebsublimierung zu einem wachsenden »Unbehagen in der Kultur« (Sigmund Freud), was den Grant insgesamt ein bisschen melancholischer und wehleidiger werden ließ. »Schicksal, Dich klag ich um Schadenersatz« heißt es bei Johann Nestroy quasi programmatisch. Der Blues des Südens war geboren, und mit ihm ein ganz spezielles Verhältnis des Grantlers zum Leben: »Sie liebten das Gestern, waren zufrieden mit dem Heute, hassten das Morgen. (...) Im Übrigen wollten sie in Ruhe gelassen sein, ihr Leben passte ihnen, wie es war, sie waren misstrauisch gegen alles Neue.« So beschreibt Lion Feuchtwanger die Baiern in *Das Land Altbayern* und beruft sich auf den ersten bairischen Geschichtsschreiber Johann Turmair, genannt Aventinus, der bereits im 16. Jahrhundert vom bairischen Volk sagte, es »sei unfreundlich, eigensinnig, querköpfig« und obendrein recht trinkfreudig. Der bairische Grant im weitesten Sinn war damit schon recht genau beschrieben.

Woher und warum?
Ober sticht Unter

Mit der Obrigkeit hat der Baier nicht immer die besten Erfahrungen gemacht. Obwohl man oft hören kann, wie gut es gerade der bayerische Untertan erwischt habe mit seinen Wittelsbacher Fürsten. Als Beleg dafür nimmt man gern den Deutschen Bauernkrieg des Jahres 1525. Anders als in Schwaben und Franken, wo die Bauern aufstanden, Klöster plünderten und Burgen anzündeten, fand im Herzogtum Baiern praktisch kein Bauernkrieg statt. Die Bauern mussten sich nämlich nicht mit Gewalt gegen ihre Grundherren wehren, denn sie konnten sich an ihren Herzog wenden, der sie vor Willkür und Ausbeutung schützte. Sie konnten also vor Gericht ziehen, gegen ihre Grundherren klagen und ihren Unmut auf legalem Weg loswerden. Der Grant war als Ventil quasi institutionalisiert.

Getrübt wurde dieses harmonische Verhältnis der Untertanen zu ihren Wittelsbachischen Herzögen allerdings während der Reformation. Ein gutes Beispiel dafür ist der erwähnte Johannes Turmaier, genannt Aventinus (1477–1534). Er war der Sohn des Braumeisters von Abensberg, wurde Bayerns erster Historiker und hat seine Landsleute sehr treffend beschrieben. Aventinus war nicht nur Privatlehrer der Brüder des bayerischen Herzogs; er soll auch ein verkappter Lutheraner gewesen sein, stand in regem Gedankenaustausch mit Luther und Melanchthon, den Großen der Reformation. Wegen seiner evangelischen Überzeugungen wurde Aventinus einmal zu elf Tagen Haft verurteilt und kam erst durch den Einfluss seiner ehemaligen Schüler frei. Dennoch blieb der Kryptoprotestant seiner Überzeugung treu. Wie so viele andere in Bayern, denn die protestantische Lehre hatte sich dort schon früh festgesetzt. Martin Luthers Ideen fanden großen Anklang, seine Schriften wurden in München und Landshut nachgedruckt, und von Salzburg bis Straubing, von Altomünster bis Altötting predigte man im reformatorischen Sinne. Aber die Wittelsbacher Fürsten stellten sich bald schon aus politischen Gründen auf die andere Seite. Und das Volk wurde mit Gewalt beim alten katholischen Glauben gehalten.

Den Wittelsbachern war es als einzigen Regenten Europas schon früh gelungen, den Protestantismus zurückzudrängen und mithilfe des Jesuitenordens eine Gegenbewegung aufzubauen, die sich dann auch auf die Habsburgischen Lande ausweitete. »So war Bayerns Beharren beim alten Glauben eigentlich Fürstenwerk«, schreibt der Historiker Benno Hubensteiner. Verfolgungen, Verhöre, Vertreibungen, ja sogar Todesstrafen waren die Antwort der Macht auf den sogenannten falschen Glauben. Bayern wurde zur politischen Vormacht der Gegenreformation, und der »spezifisch-bayerische Katholizismus«, den Hubensteiner als Ausdruck bairischen Lebensgefühls beschreibt, war auch Produkt einer Sozialdisziplinierung (Gerhard Oestreich), die mit der Gegenreformation über Land und Leute gebracht wurde.

»Du wirst schon noch katholisch«, prophezeit man in Bayern heute noch jedem, der sich in irgendeiner Weise als renitent erweist. Der Volksmund spricht aus kollektiver Erfahrung, schließlich wurde der evangelische Baier einst von der Alleinseligmachenden auf Linie gebracht. Fortan hatte er diesbezüglich den Mund zu halten und sich an ästhetischem Reichtum, barocker Sinnenfreude, opulenten Gottesdiensten und bildreicher Heiligenverehrung zu erfreuen. Kritik? Bitte nur leise. Hier liegen die

Wurzeln des Grantelns und Raunzens; und des Grants als umfassenden Lebensgefühls. »Unfreundlich, eigensinnig und querköpfig« sind sie, die Baiern, schreibt Aventinus. Und obendrein saufen sie gern, schreien, singen, tanzen, spielen Karten, mögen lange Messer und Raufwerkzeuge. Und sie lieben prasserische Hochzeiten, Kirchweihfeiern und Totenmahle.

Auch im Habsburger Reich fanden reformatorische Druckschriften zunächst weite Verbreitung, obwohl die Obrigkeit sie verbot. Laien, niederer Klerus und vor allem Mönche waren begeistert von Luthers Ideen. Der linke Flügel der Reformation, die Täuferbewegung, hatte zahlreiche Anhänger, insbesondere in Tirol. Doch bald schon wurden die Täufermissionare als Ketzer verfolgt und hingerichtet. Die Rekatholisierung wurde zum zentralen Anliegen der habsburgischen Politik. Reformierte Gottesdienste wurden verboten, obwohl sich viele Menschen vehement gegen diese Verbote wehrten. Es kam zu Bauernaufständen, die brutal verfolgt wurden. Evangelische Prediger und Lehrer wurden des Landes verwiesen, Kirchen zerstört, Bücher verbrannt. Andersdenkende hatten die Wahl: Entweder kämpfen, wie im Oberösterreichischen Bauernkrieg von 1626. Oder weglaufen. Was immer mehr österreichische Protestanten in jenen Jahrzehnten taten. Ihre Zahl wird auf 100.000 bis 200.000 geschätzt. Noch im 18. Jahrhundert verließen 20.000 protestantische Glaubensflüchtlinge, die sogenannten Salzburger Exulanten, das Fürsterzbistum Salzburg, meist in Richtung Preußen. Wer bleiben wollte, musste sich anpassen – oder sich bedeckt halten. Wie die sogenannten Geheimprotestanten, die irgendwo in einsamen Alpentälern unerkannt in kleinen Gruppen überwinterten.

»Der Österreicher hat eine verdeckte Seele: Er deckt sich nicht auf, er sagt nicht, was er ›wirklich‹ denkt, glaubt, fühlt, über die ersten und die letzten Dinge in Gott, Staat, in seiner eigenen Seele«, schreibt Friedrich Heer in *Der Kampf um die österreichische Identität*. Diese »verdeckte Lage«, meint Heer, sei eine Erbschaft des 17. und 18. Jahrhunderts, als sich der Geheimprotestantismus verstecken musste. Wer nicht offen sagen kann, was er wirklich denkt, glaubt, fühlt – der muss andere Formen finden, um sich auszudrücken. Indirekte Formen. Zum Beispiel den Grant, mit dem unterdrückte Untertanen ihrem Herzen Luft verschaffen.

Und unterdrückt wurden sie häufig, die bairischen Untertanen: egal unter welcher Dynastie sie gerade standen, der wittelsbachischen oder der habsburgischen. Das jahrhundertelange Machtgerangel dieser beiden Häuser führte auch zu einer ganzen Reihe von bairischen Bruderkriegen, in denen einer dem anderen das Land besetzte, die Felder plünderte und die Bauern schikanierte. Nicht erst 1809, als bayerische und französische Soldaten in Tirol einfielen und fanatisch bekämpft wurden. Bereits 1703 hatten beim Bayerischen Rummel, wie er verharmlosend genannt wird, bayerische Truppen Tirol überfallen. Zwei Jahre später dann die Revanche, die habsburgische Besetzung Bayerns. Es kam zum Aufstand der dürftig gerüsteten Bauern gegen die kaiserlichen Soldaten, der schließlich in zwei Massakern endete. Das eine in Sendling bei München, am Weihnachtstag 1705; das andere im niederbayerischen Aidenbach, am 8. Januar 1706. Tausende flohen damals vor der kaiserlichen Soldateska und bettelten um Pardon; vergeblich. Die später gern überhöhten Bayernschlachten waren in Wahrheit nichts anderes als ein großes Bauernschlachten. Fast zehntausend Tote sind im Januar 1706 im ganzen Kurfürstentum Bayern zu beklagen. Wie überall stöhnte das einfache Volk unter den Schikanen der Besatzer, egal für welche Dynastie die gerade tätig waren. Auf nationale

Stereotype à la Bayern gegen Österreicher lassen sich die blutigen Ereignisse jedenfalls nicht reduzieren.

Als im 19. Jahrhundert das moderne Bayern quasi erfunden wurde und die Wittelsbacher sich angesichts drohender Revolutionen gern volksnah gaben, wurde das Trauma der Niederlage von 1705/06 zu einer Art Staatsmythos. Bis heute lebt sie fort, die Legende von der Sendlinger Mordweihnacht und vom sagenhaft grantigen Schmied von Kochel, der für seine Wittelsbacher tapfer gegen die Kaiserlichen gefochten hat. Weniger gern erzählt man die andere Geschichte, die sich sieben Jahrzehnte zuvor tatsächlich ereignet hat. 1633/34 erhoben sich in der Gegend von Wasserburg die Bauern gegen die eigene Obrigkeit und beriefen sich dabei auf ein Widerstandsrecht, auf das Naturrecht. Ihr Unmut richtete sich gegen den Wittelsbacher Kurfürsten Maximilian I. – »der Bauern größter Feind«, wie er von der eigenen Landbevölkerung seinerzeit beschimpft wurde.

Hintergrund war ein schier endloses Schlachten, nämlich der sogenannte 30-jährige Krieg – ausgetragen auf dem Rücken der Bevölkerung. Die Einquartierungen der katholischen Truppen lasteten schwer auf den Bauern. Vor allem die spanischen Soldaten waren in den Winterquartieren zu einer echten Landplage für die Bauern geworden. Im Winter 1633/34 brach der verzweifelte Aufstand los. Er reichte von Wasserburg und Ebersberg bis nach Ruhpolding hinein und über Burghausen bis ins niederbayerische Ortenburg und Hengersberg hinunter. Er umfasste also ganz Altbayern. Bis zu 20.000 rebellische Bauern sollen sich im Wald zwischen Wasserburg und Chiemsee zusammengerottet haben. Am Ende wurden sie mancherorts erbarmungslos niedergemetzelt. Allein in und um Ebersberg gab es 200 Tote. Der aufmüpfige Rest wurde juristisch verfolgt, einige der mutigen Anführer wurden sogar enthauptet und gevierteilt. Der Mythos von den bayerischen Bauern, die ihrem Kurfürsten allzeit treu ergeben sind, lässt sich – zumindest für diese Epoche – nicht aufrechterhalten. Manchmal hat er sich eben doch gewehrt, der Baier, auch wenn er danach blutig verfolgt und mundtot gemacht wurde.

Kein Wunder also, dass aus den Baiern kein besonders revolutionärer Menschenschlag wurde. Sei Ruah – seine Ruhe – sagt man, will er vor allem haben, der Baier. Und so wehrt er sich meist nicht offen, sondern schimpft und raunzt gern vor sich hin; gegen die da oben, die Großkopferten. Auch im 19. Jahrhundert, als der bayerische Untertan durch Montgelas' Revolution von oben viele alte Freiheiten verlor, nahm er sein Schicksal demütig hin. Organisierter Widerstand im großen Stil? Fehlanzeige. Anpassung, Opportunismus und Autoritätsgläubigkeit waren die Regel. Und reichlich Grant gegen das von oben verordnete Glück, das im 19. Jahrhundert zunehmend aus nüchternem Zweckrationalismus und Fortschrittsgläubigkeit bestand. Die Idylle vom freien Leben im Wald und auf den Bergen? Das war eher was für die Heldengeschichten und Lieder vom Jennerwein oder vom Räuber Kneißl. Geschichten von traurigen Rebellen, die aufmüpfig und auftrumpfend waren. Aber halt nur manchmal und meist kurz. Ein bisserl was von diesen tragischen Helden steckt heute noch im Alltagsgrant der Bayern.

Ein besonders schwerer Schlag war es, als Bayern 1866 zusammen mit der Donaumonarchie gegen Preußen unterlag, was letztendlich zum Verlust der politischen Selbstständigkeit führte; 1871 vollendet durch die Gründung des deutschen Kaiserreichs unter preußischer Führung. Der gelegentlich heute noch verwendete, etwas abwertend gebrauchte Begriff ›Preuße‹ – ebenso wie der in Österreich weitverbreitete ›Piefke‹ – bezieht sich historisch vor allem auf den säbelrasselnden Militarismus und die norddeutsche Besserwisserei, mit denen die preußische Hegemonialpolitik im 19. Jahrhundert untrennbar verbunden war. Die Besserwisserei des Nordens reichte freilich viel weiter zurück, bis ins 18. Jahrhundert, als protestantische Aufklärer das ideologisch motivierte Klischee vom dummen bairischen Seppl im katholischen Süden erfanden. Worauf die Ureinwohner südlich der Donau verständlicherweise grantig reagierten. Der Grant ist seither auch eine Form der nationalen Selbstverteidigung.

Gelegentlich soll es die Besserwisserei übrigens heute noch geben. Und den Grant gegenüber lautstark auftretenden Klugscheißern aus dem Norden natürlich auch. Dies wird besonders schön in der Politik deutlich, wenn die CSU gegen Berlin wettert – auch wenn sie dort selbst in der Regierung sitzen sollte. Oder wenn rabiate Grantler, die in der CSU nicht mehr allzu viel zu sagen haben, den ganzen Laden aufmischen wollen. Dann klingen separatistische Töne an, etwa wenn der CSU-Bundestagsabgeordnete Peter Gauweiler in seiner Münchner Zeitungskolumne schreibt: »Wenn uns Berlin weiter nervt, sollten wir die schottische Lösung ins Spiel bringen.« Statt Unabhängigkeit von London also Unabhängigkeit von Berlin – per Stimmzettel. Gauweiler jedenfalls ist begeistert von der Idee, und die Chancen stünden vielleicht gar nicht schlecht. Laut einer Studie der Hanns-Seidel-Stiftung von 2009, liegt die Zahl jener bayerischen Bürger, die Bayern als eigenständigen Staat sehen wollen, bei 23 Prozent. Und vier von zehn Bayern wünschen sich in jedem Fall mehr Eigenständigkeit und politische Unabhängigkeit für ihr Land. Rechnet man die hinzu, die nur teilweise mehr Unabhängigkeit anstreben, ist man schon bei sechs von zehn Bayern.

Offenbar sitzt er noch ganz tief, der Berliner Stachel, irgendwo im Hinterteil des Homo bavaricus. Denn nicht nur die kleine Bayernpartei ist von separatistischem Grant getrieben und träumt von der »Freiheit für Bayern«. Auch beim Wintertreffen der Königstreuen Patrioten im oberbayerischen Gammelsdorf geht es um mehr als nur um den geliebten Märchenkönig Ludwig II. Die bayerischen Patrioten kämpfen »gegen den Verlust des bayerischen Erbes« und für den Erhalt der »bairischen Hochsprache«, gegen kulturelle »Unterwürfigkeit und Minderwertigkeitskomplexe« des Volksstammes und gegen »Plastiksprache und Internetkultur«. Ein in ihren Augen notwendiger Kampf, denn als Bayer fühle man sich im eigenen Land zeitweise »wie ein Indianer im Reservat«.

Mit Tracht und Gamsbart feiern die Bavaros ihren legendären Häuptling. »Lieber König Ludwig II., du hast uns viel gegeben und du gibst unserem Land auch in Zukunft noch viel.« Mit solch pathetischen Sätzen beendet der Vorsitzende vom Verband der Königstreuen gern seine Ansprachen, bevor die Bayernhymne angestimmt wird: »Gott mit dir, du Land der Bayern, Heimaterde, Vaterland.« Alle singen »Heimaterde«, wie es in einer früheren Textversion üblich war. Keiner singt »deutsche Erde«, wie es die aktuelle Variante vorschreibt, die 1980 der bayerische Ministerpräsident und deutsche Kanzlerkandidat Franz Josef Strauß empfohlen hat. Strauß gilt vielen bairischen Patrioten als eigentlich Deutschnationaler, der die bairische Sache verraten habe. Sie stimmen lieber die Urfassung von Michael Öchsner aus dem Jahr 1860/61 an, in der es heißt: »Gott mit ihm, dem Bayernkönig, Segen über sein Geschlecht!«

Das mit dem Geschlecht läuft allerdings eher schlecht, nicht erst seit der Revolution 1918/19. Denn der Ärger ging bereits fünf Jahrzehnte vorher los, weshalb das Wintertreffen der Patrioten alljährlich am Gedenktag der preußischen Reichsgründung des Jahres 1871 stattfindet. Für echte bairische Indianer ist jener 18. Januar immer noch ein Trauertag.

Heroen des Grants: Jennerwein und Co.

Rebellischer Grant: Der Jennerwein-Blues

Der Baier liebt das Anarchische, den spontanen Ausbruch gegen die Obrigkeit, das Sichaufbäumen – manchmal theatralisch wie im Bauerntheater, wo ein Stück namens rebellischer Grant gegeben wird. Und entsprechend schauen auch seine echten Helden aus. Nicht die erfundenen, nein, die leibhaftigen. Zum Beispiel der Georg Jennerwein. Kein Held von Königs Gnaden war er, sondern einer aus dem Volk. Im 1848er Jahr geboren, stammte Jennerwein aus armen Verhältnissen; den Vater haben ihm die königlichen Jäger vor seinen Augen totgeschossen, weil er gewildert hat. Zwölf ist er damals, der Georg. Und weil er später als Holzknecht zum Sterben zu viel, aber zum Leben zu wenig, und weil er auf die Jäger eh schon einen Hass hat, drum wird er selber auch zum Wilderer. Zusammen mit seinem Jugendfreund, dem Josef Pföderl, treibt er sich in den königlichen Wäldern herum, beim Schliersee und Tegernsee, an der bayerisch-tirolerischen Grenze. Und weil der Girgl ein Guter war, drum hat er seine Beute billig an die Wirte der Umgebung verkauft. Oder gleich an die hungernde Bevölkerung verschenkt. Ein echter Volksheld also. Mit richtigem Sozialgrant. Ein Robin Hood auf oberbayerisch. Frei nach dem Motto »Revolution und Rehragout« hat dieser wilde Bursche aufbegehrt gegen die Obrigkeit.

Jennerwein war von jenem Schlag, wie es ihn in uralten Zeiten noch gab, als jeder freie Mann im Wald nach Belieben jagen durfte. Freilich, seit dem 12. und 13. Jahrhundert waren die königlichen Wildbannrechte auf die Landesherren übergegangen. Die der Bauern jedoch wurden immer weiter eingeschränkt. Jagten sie dennoch, wurden sie hart bestraft. Spätestens seit 1615 war die Wilderei in baierischen Wäldern ein Majestätsverbrechen. Im schlimmsten Fall drohte die Todesstrafe.

Auch Jennerwein wurde gejagt, von königlich bayerischen Forstbeamten. Und eines Tages hat ihn dann eine Kugel von hinten getroffen. Sein eigener Jugendspezl Pföderl soll es getan haben – aus Eifersucht. Der Jennerwein nämlich – groß gewachsen und für damalige Vorstellungen ein fescher Bursch mit Schnurrbart – hatte einen Schlag bei den Frauen. Weil jedoch er und der Pföderl dieselbe liebten, der Jennerwein aber den Stich machte und die Angebetete schwängerte, drum war der Pföderl sauer, hatte also einen Grant. Einen Eifersuchts-Grant, bei dem sich Trauer und Wut so lange aufpeitschten, bis …

Pföderl habe ja nur drauf gewartet, dass eines Tages seine Chance kommt. Sagt man. Von hinten. Anvisiert. Peng. Wir wissen nicht, wie es damals genau war, was die Sache natürlich noch geheimnisvoller macht. Und solche Geheimnisse sind für die Langzeit-Publicity eines echten Volkshelden nie verkehrt. Am 15. November 1877 jedenfalls wurde die Leiche des Georg Jennerwein am Peißenberg gefunden. Ja, ja, so traurig klingt sie halt manchmal, die Bluesmelodie des Südens, wenn Grant auf Grant stößt. Den Text dazu liefert uns das Jennerwein-Lied:

In Schliersee ruht er, wie ein jeder,
bis an den großen Jüngsten Tag,
dann zeigt uns Jennerwein den Jäger
der ihn von hint' erschossen hat.

Grant-Exzesse: Der Bayerische Hiasl

Nicht viel besser als dem Jennerwein erging es einem anderen bairischen Rebellen: Mathäus Klostermayer, genannt der Bayerische Hiasl, der im 18. Jahrhundert zum Volkshelden avancierte. Auch er war ein Wilderer und obendrein ein Kriegsdienstverweigerer. Allerdings sollte man Letzteres im Falle Klostermayer nicht mit Pazifismus verwechseln. Im Gegenteil, Hiasl war einer, der zum Grant-Exzess neigte und den Obertanen und ihren Lakaien arg zusetzte. Den Bauern freilich half er damit, denn jedes erlegte Stück Wild schützte deren Felder und jeder erschossene Jagdaufseher war ein kleiner Tyrann weniger. Mehrere Jahre trieb Klostermayers Bande ihr anarchisches Spiel mit der Obrigkeit im bairisch-schwäbischen Grenzgebiet. Am Ende jedoch wurde Klostermayer gefangen und in Dillingen erdrosselt, gerädert, geköpft, gevierteilt und in eine Kuhhaut eingewickelt. Den Kopf steckte man an den Galgen, die Körperteile wurden in Dillingen, Füssen, Oberstdorf und Schwabmünchen öffentlich ausgestellt.

Dies klingt nach grobem Staatsgrant und radikaler Terroristenbekämpfung, und das war es wohl auch. Mathäus Klostermayer war public enemy number one – wenn man den Erzählungen glauben darf. Und so etwas schafft Publicity. Die erste Biografie über den Sozialrebellen erschien bereits 1772, wenige Monate nach Klostermayers Hinrichtung am 6. September 1771. Knapp zwanzig Jahre später bekam der junge Schriftsteller Ludwig Tieck – ein waschechter Berliner, der kein Bairisch konnte und deswegen immer Hiesel statt Hiasl schrieb – den Auftrag, die einst anonym erschienene Hiasl-Biografie umzuschreiben. In der Neufassung heißt es unter anderem:

Sobald der Frühling des Jahres 1767 die Bäume belaubte, erschien Hiesel mit seinem Gefolge in den Wäldern. Alle Gehölze um Augsburg wurden wieder unsicher. Jäger und Soldaten zogen nun mit verdoppeltem Eifer gegen ihn aus. Der erste Kampfplatz ward der Waldberger Forst. Diesen durchstreifte Hiesel eben mit sechsen von seinem Gefolge, als er unvermutet in dem sogenannten Münsterkau auf ein Kommando Jäger und Soldaten stieß. Der Angriff geschah von beiden Seiten mit vieler Herzhaftigkeit. Da aber Hiesel sah, dass die Anzahl der Feinde der seinigen zu sehr überlegen sei, so hielt er es dieses Mal für klüger, sich zurückzuziehn. Da aber ein Jägersohn von Waldberg so vorlaut war, ihn zu weit zu verfolgen, so legte Hiesel, der sich dadurch beleidigt fand, hinter den Knorren eines Baumes auf ihn an und erschoss ihn.

Wie man sieht, war Klostermayer durchaus skrupellos und das nicht nur einmal. Er demütigte die Staatsvertreter, und nicht selten tötete er sie. Heute würde man sagen, Hiasl und die Seinen schafften einen rechtsfreien Raum; mehr noch, sie schafften ihr eigenes Recht, zumal Hiasl auch ein guter Redner und Agitator war. Und so wurde die Hiasl-Gang trotz zunehmender Brutalität weit über Bayerns Grenzen hinaus bekannt. Hiasl war der große Held der kleinen Leute. Geboren 1736 zu Kissing im bairischen Landgericht Friedberg als Sohn eines armen Hirten, verdingte er sich mit 17 Jahren als Jagdgehilfe im Dienst des Schlosses zu Mergenthau. Als 25-Jähriger musste er zum Militär, desertierte und schlug fortan die Robin-Hood-Laufbahn ein. Dieser abwechslungsreiche Beruf erforderte Geschick, Flexibilität und die Bereitschaft, unkonventionelle Arbeitszeiten und Methoden klaglos in Kauf zu nehmen. Denn als künftiger Beschützer des einfachen

Landmanns, als Anführer einer Rebellenarmee und bairischer Wald-und-Wiesen-Che-Guevara war er viel unterwegs in gerechter, nämlich antifeudaler Sache. Hiasl erfüllte das Anforderungsprofil mit Bravour und wurde der Fürst der Wälder. Er jagte, wie es ihm passte, und trieb die Soldaten und Aufseher wie die Schafe vor sich her. Groß war die Sympathisantenszene in der Landbevölkerung. »Alle bewunderten ihn, einige, weil sie ihn wirklich für einen Menschen hielten, dem sie viel zu danken hätten, indem er das überflüssige Wild erlegte; andre gewannen ihn lieb wegen seines guten Äußern, andre bewunderten ihn wegen seiner Fertigkeit im Schießen, noch andre seiner Schlauheit wegen, die er stets in der Vermeidung der ihm gelegten Schlingen gezeigt hatte.«

Was für ein Leben. Anarchisch, archaisch, erotisch. Fürst der Wälder. Das ist der Traum eines jeden freien Baiern, bis heute. Einmal den ganz großen Grant-Prix fahren. So richtig die Sau rauslassen, nie wieder Steuern zahlen, alle Strafzettel zerreißen, Frau-Kind-Hund an der Autobahnraststätte aussetzen. Und dann so richtig aufdrehen. Wie der Hiasl, wenn er in Stimmung war, vorzugsweise nach gewonnener Schlacht gegen die Obrigkeit. Dann zeigte er sich gern von seiner allerbairischsten Seite, schnalzte mit den Hosenträgern und trumpfte gscheid auf. Gell, des wärs. Es muss ja nicht gleich geschossen werden, um Gottes willen, ja nicht; einfach nur am Arsch lecken lassen und durchstarten mit der toten Gams im Kofferraum hinten drin. Oh mei. Freiheit pur. Garantiert, 80 Prozent aller bairischen Männer würden sofort einen Vertrag als freier Mitarbeiter in der Hiasl-Gang unterzeichnen. Selbstverständlich nicht ohne salvatorische Klausel, also jenen Airbag des Alltags, den Karl Valentin in unnachahmlicher Weise so formuliert hat: »Mögen hätte ich schon wollen, aber dürfen habe ich mich nicht getraut.«

Grant und Grattler: Der Räuber Kneißl

Wir haben es ja schon immer geahnt, dass es in der guten, alten Prinzregentenzeit gar nicht so gemütlich zugegangen ist, wie es uns das *Königlich Bayerische Amtsgericht* vormachen will. Jene Fernsehserie, deren Abspann stets mit dem Satz endet: »Das Leben geht weiter: Ob Freispruch oder Zuchthaus – und auf die Guillotin' hat unser Herr Rat eh niemanden geschickt.« Was auch kein Wunder ist, denn dafür war der ›Herr Rat‹ als Amtsrichter ja gar nicht zuständig. Das hat gegebenenfalls der Oberlandesgerichtsrat erledigt. Wie zum Beispiel im Jahr 1902, als der berühmt-berüchtigte Räuber und Aufrührer Mathias Kneißl mittels Guillotine vom Leben in den Tod befördert wurde. Jener Kneißl, der im Gerichtssaal gesagt haben soll: »Die Woch' fangt ja schon gut an!«

Famous last words. Und zweifelsohne ein Klassiker, in dem so gut wie alles drinsteckt, was den echten bairischen Grant ausmacht: Wut und Trotz und Trauer, Auflehnung, Verzweiflung, und natürlich ein guter Schuss Humor – in diesem Fall ist auch der Begriff Galgenhumor nicht ganz verkehrt. Kurzum, Kneißl wäre mit diesem Spruch durchaus ein heißer Anwärter auf einen posthumen Grant-Award.

Doch wie hat sie eigentlich angefangen, seine Räubergeschichte? Nicht unbedingt romantisch. Der Schachermüller Hiasl – so wurde Mathias Kneißl dem Hausnamen nach auch genannt – stammte aus einfachen Verhältnissen. Heute würde man sagen: Er kam aus einer sozial und ökonomisch benachteiligten Familie, bildungsfern mit Migrationshintergrund. Denn Kneißls Großvater, ein fliegender Händler aus dem damals habsburgischen Venetien, hieß Pascolini.

Im Bairischen gibt es für diese frühen Migranten einen besonderen Ausdruck, der heute noch gelegentlich Verwendung findet: Krattler oder Grattler. Aber Vorsicht, diesen Begriff bitte nicht wahllos verwenden. Damit macht man sich in Baiern garantiert keine Freunde. Im Gegenteil, man wird unter Umständen sehr schnell feststellen, dass zwischen den ähnlich klingenden Worten ›Grattler‹ und ›Grant‹ ein mitunter recht ungesundes Wechselwirkungsverhältnis entstehen kann. Wer einen anderen als Grattler beschimpft, zieht sich mit Sicherheit einen Grant zu, und zwar vermutlich einen ganz besonders groben. Denn der Grattler oder Krattler gilt in Bayern als ein sozial niedrig stehender, wenig angesehener Mensch. Krattler, das waren die, die ihr Geschäft vom ›Wagen herunter‹ betrieben. Der Begriff kommt laut Schmellers Bayerischem Wörterbuch von der ›Kratten‹, der ›caretta‹, einem Karren mit zwei Rädern. Die Krattenzieher oder Krattler waren meist »Tyroler, die gewöhnlich in Gesellschaft ihrer ganzen Familie kleine Karren voll Obst, Kreide etc. zum verhandeln nach Bayern ziehen, und für den Rückweg Hafnergeschirr zu laden pflegen«.

Kneißls Großvater Pascolini, der venezianische Grattler, heiratete jedenfalls nach Unterweikertshofen im Dachauer Land und machte mit seiner Frau Klara einen Kramerladen auf. Eine durchaus ehrbare Familie, diese Pascolinis. Nur mit dem ältesten Sohn gab es Probleme. Der wurde kriminell. Und von da an klang der Name ›Paschkalini‹ wie ein Schimpfwort aus dem Mund der Dörfler. Grattler eben. Das musste auch die Pascolini-Tochter Therese erfahren. Selbst nachdem sie den Schreiner Kneißl geheiratet und elf Kinder bekommen hatte, von denen nur sechs überlebten, blieb sie im Dorf doch immer nur die ›Paschkalini-Res‹. Therese war eine resolute Person, die das Regiment in jenem Wirtshaus führte, das den Kneißls jetzt gehörte. Und was die Leute alles über das Lokal geredet haben. Zwielichtige Gesellen treiben sich beim Oberwirt herum – hieß es – Wilderer und Diebe, schachern und saufen tun's: Wein, Bier und Schnaps. Und der kleine Hiasl – der älteste Sohn von der Res – der spielt mittendrin die Ziehharmonika. Nur in der Schule, da ist er schlecht. Wenn er überhaupt dort ist. Der Dorflehrer empfahl für den unfolgsamen und faulen Buben jedenfalls eine Besserungsanstalt. Keine guten Aussichten für die Schullaufbahn. Dafür lernten Hias und sein Bruder Alois von den Eltern früh das Schießen mit dem Gewehr. 1886 kauften die Kneißls dann die einsam gelegene Schachermühle in Altstetten, wo sie allesamt weiter fröhlich wilderten und endgültig zu Outlaws in der Gegend wurden. Am 2. Juni 1887 – Mathias war gerade zwölf Jahre alt – standen er und sein Bruder zum ersten Mal vor Gericht. Sie sollen ihrem Vater geholfen haben, die kleinen Brücken über den Steindlbach, der über das Kneißl-Grundstück fließt, abzubrechen, damit der Schlossbesitzer, der Herr Baron von Schätzler, nicht mehr drübergehen konnte. Vater Kneißl wurde dafür zu drei Monaten und acht Tagen Gefängnis verurteilt. Seine Buben waren zwar noch zu jung für den Knast, wurden aber von jenem Tag an aktenkundig. Die Laufbahn schien vorherbestimmt. Eine zweite Chance? Die gab es damals nicht. Wie auch, wenn es nicht einmal für eine erste gereicht hatte.

Der Rest ist Geschichte. Und zwar eine recht unselige Geschichte. Die Mutter wurde verhaftet, der Vater starb auf ungeklärte Weise in Polizeigewahrsam. Die Kinder waren allein auf sich gestellt, sie wilderten und verwilderten. Irgendwann kam es dann zu Feuergefechten mit der Polizei. Hias landete im Zuchthaus, wollte danach ein neues Leben beginnen. Aber immer wieder holte ihn die Vergangenheit ein. Es folgte, was zwangsläufig folgen musste, nämlich die legendenumrankte Räubergeschichte vom Mathias Kneißl, der in die Fußstapfen seines Räuberonkels und seines Räubervaters tritt und selbst ein Räuber wird. Weil er halt nie was anderes gelernt und erfahren hat. Da könnte einen auch heute noch der Grant packen, wenn man sich solche Biografien anschaut. Ob es sie heutzutage so gar nicht mehr gibt?

Jedenfalls wird der Kneißl vor und auch noch lange nach seiner Enthauptung in weiten Teilen der Bevölkerung als die Reinkarnation des bayerischen Hiasl gefeiert. Ein Volksheld, der es der verhassten Obrigkeit so richtig gezeigt hat. Apropos Obrigkeit: Am Ende war es übrigens der Prinzregent höchstselbst, der Kneißls Gnadengesuch ablehnte. Ob es also wirklich »eine liebe Zeit« war, so »menschlich halt«, wie es im *Königlich Bayerischen Amtsgericht* immer heißt? Zweifel sind angebracht. »Das Leben geht weiter« – auch dieser Satz galt damals nicht für alle. Wie auch? Wo es doch für manche nie richtig angefangen hatte, das Leben.

Interessant ist in diesem Zusammenhang, dass Unterweikertshofen, also der Geburtsort vom Räuber Kneißl, nur 25 Kilometer entfernt ist von Kissing, dem Geburtsort vom Räuber Klostermayer, dem Bayerischen Hiasl. Offenbar ist der Landstrich eine Art grantologisches Bermudadreieck, mitten in Oberbayern. Denn keine zwei Kilometer von Unterweikertshofen entfernt, in Kleinberghofen, steht heute noch jenes Wirtshaus, in dem einst ein anderer Grant-Master nach der Jagd gern feierte. Der Jurist Ludwig Thoma, der seit 1894 in Dachau als Rechtsanwalt ansässig war und im Dachauer Hinterland »seine Bauern« aufs Genaueste studieren konnte. Hier begann die Karriere des grantigen Schriftstellers Ludwig Thoma. Doch dazu später mehr.

Heldenhafter Grant: Andreas Hofer und der Schmied von Kochel

Ob der Mensch heutzutage wirklich noch Helden braucht, darüber kann man lang und trefflich streiten. Wenn sie aber schon einmal da sind, dann muss man sich ihnen stellen; man muss sich – neudeutsch gesprochen – positionieren. Nach dem Motto: Zeig mir deine Helden, und ich sag dir, wer du bist.

Der bairische Grant hat zwei interessante Vertreter zur Auswahl, die in der Rumpelkammer der Geschichte lagern. Auffallend ist dabei zweierlei: Erstens halten sich die Stämme des Südens gern ältere Herren mit langem Bart beziehungsweise schneidigem Schnauzer und furchtbar wildem Geschau als Helden. Zweitens, obwohl die beiden bairischen Helden gleichermaßen große Grantler waren, gehörten sie politisch und militärisch verschiedenen Seiten an. Der eine den Bayern, im Jahr 1705. Der andere den Tirolern, 1809.

Letzterer ist der Tiroler Andreas Hofer, dem sein bärbeißiger, heroischer Grant förmlich ins Gesicht geschrieben stand. Hofer kämpfte im Jahr 1809 gegen die bayerischen und napoleonischen Besatzer und siegte gleich dreimal, bevor er festgenommen und im Februar 1810 im italienischen Mantua hingerichtet wurde. An der Spitze einer antibayerischen Bewegung stemmte sich Hofer gegen Fremdherrschaft und Zwangsrekrutierungen, aber auch gegen eine Modernisierung im Sinne der Aufklärung. Ein Alpentaliban also, der von Kirchenreformen und Pockenimpfung ebenso wenig wissen wollte wie von allzu lockeren Vergnügungen oder nicht sittsam verschnürten Frauenzimmern. Unmittelbar nach der ersten Schlacht auf dem Bergisel soll es bei den Tiroler Freiheitskämpfern auch zu Ausschreitungen gegen die jüdische Bevölkerung Innsbrucks gekommen sein. Ein

Held? Bestimmt nicht für alle Tiroler. Manche sagen sogar, dass Hofer erst mit dem Aufstieg der Deutschnationalen in Tirol zu einem Nationalhelden geworden ist. Bis heute beziehen sich Südtiroler Separatisten in ihrem »Los von Rom!« auf den Sandwirt von St. Leonhard in Passeier. Der Grant als Abschottung gegen das böse Fremde.

In eine ähnliche Kategorie gehört der Schmied von Kochel, der im Jahr 1705 in Oberbayern gegen die Habsburger Besatzer kämpfte. Der wesentliche Unterschied zu Hofer besteht darin, dass es den Schmied vermutlich nie gegeben hat. Sei es drum. Ein stattlicher Held war er trotzdem, wenn auch nur eine Kunstfigur. Dafür aber ein schneidiger Soldat, der schon 1688 vor Belgrad den Türken das Stadttor eingeschlagen haben soll, um dann 1705 in Sendling – mittlerweile um die 70 Jahre alt – als Anführer gegen die Kaiserlichen zu kämpfen. Ein rüstiger Rentner, dieser Schmied von Kochel, der – wie es sich für einen staatlich geprüften bayerischen Helden gehört – an der Sendlinger Pfarrkirche als Letzter gefallen ist. So ein Heldengrant lässt sich natürlich wunderbar einspannen für die höheren dynastischen und nationalen Interessen. Der grimmige Grant eines Schmieds von Kochel jedenfalls wurde zur nationalbayerischen Tugend, die die bittere Niederlage von 1705 etwas erträglicher machen sollte. Das Trauma wurde zum Heldentraum umgedeutet, ein blutiges Massaker geriet zum emotionalen Fundament des Gemeinwesens, zum Bestandteil des wittelsbachischen Staatsmythos. Auch das gehört zum Blues des Südens.

Ohne Grant kein Abendland: Kleine Einführung in die Grantologie

Der Grant ist dem Wesen nach ein Baier. Sein geistiger Kern jedoch (»Ich grantle, also bin ich«) ist als Conditio humana gleichsam universeller Natur. Immer schon waren es die Grantler, die sich nicht zufriedengaben mit dem, was um sie herum geschah. »Die Narren ertragen« können, so lautet Ratschlag Nummer 159 in Balthasar Gracians *Handorakel*, in dem der spanische Autor des 17. Jahrhunderts insgesamt 300 Lebensregeln für *Die Kunst der Weltklugheit* liefert. Doch gerade das »Narren ertragen« ist bekanntlich leichter gesagt als getan. »Oft haben wir am meisten von denen zu erdulden, von welchen wir am meisten abhängen: eine heilsame Übung der Selbstüberwindung«, schreibt Gracian, ganz so, als hätte er den Alltag in unsereren Wohnzimmern oder Angestelltenbüros (bis hinauf zur Chefetage) schon zu seiner Zeit gekannt. Gracian jedenfalls rät: »Aus der Geduld geht der unschätzbare Frieden hervor, welcher das Glück der Welt ist.« Geduld? Glück? Ein Baier hätte es wohl kürzer gesagt: »Mei Rua mecht i hamm! Und zwar glei.« Bleibt also die Frage, wie man auch unter Umgehung der erforderlichen Geduld »sei Rua« bekommen kann? Wie schirmt man sich ab gegen die Widrigkeiten des Alltags? Die Antwort lautet: Mit Grant. Grant ist der Bodyguard des kleinen Mannes. Man gebe sich maximal unzugänglich gegenüber seiner Umwelt und genieße bald den unschätzbaren Frieden, ganz ohne Geduld. Auch diesen Trick kannte

Meister Gracian schon, als er riet: »Wer aber zum Dulden keine Geduld hat, ziehe sich zurück in sich selbst, wenn er imstande ist – sich selbst zu ertragen.«

Der Grantler ist dazu durchaus imstande, denn er hat ja als Blitzableiter stets seinen Grant, den permanent einzuüben oberste Aufgabe für ihn ist. Dies geschieht zum Beispiel durch das Hersagen bestimmter Grant-Mantras im Dienste der Selbstbefreiung: »Ja, leckts mich doch allesamt«, »Schleichts eich«, »Du mi aa« oder »Kreizweis«. Solch formelhafte Wortfolgen dauernd zu wiederholen – in Gedanken, laut ausgesprochen oder geflüstert (gesungen hingegen eher selten) – stärken die innere Unabhängigkeit des Grantlers, der um die großen, kosmischen Zusammenhänge weiß, und schon deshalb mit dem Irdischen nie ganz zufrieden sein kann. Für ihn ist der Grant Urstoff und Grundsubstanz alles Gewordenen, das Apeiron eines Anaximander, also jenes Grenzenlose, aus dem alles Seiende entsteht und worin es mit Notwendigkeit wieder vergeht. Denn all die vergänglichen Dinge leisten einander Buße und Vergeltung für ihr Unrecht gemäß der Ordnung der Zeit. Alles kommt aus dem Ur-Grant und verschwindet dorthin auch wieder. Der Grantler kennt diese kosmischen Grundgesetze des Universums und somit auch all die Bedingtheiten des kleinen, mickrigen, menschlichen Lebens. Für Ideologien und geschlossene Welterklärungssysteme hat er daher wenig Verständnis. Und manchmal ebenso wenig für die großen und kleinen Nöte und Verpflichtungen seiner Mitmenschen. »An Schaß muasst, sterben musst!«, sagt Mundl Sackbauer in *Ein echter Wiener geht nicht unter*.

Der Grant neigt zum Eigenbrötlerischen, wird aber nie ganz verzichten können auf sein soziales Umfeld. Im Gegenteil, er braucht die Leute wie der Fisch das Wasser. Deshalb wäre es auch falsch, zu behaupten, der Grantler sei unzugänglich. Er weiß genau: »Keiner ist so vollkommen, dass er nicht zuzeiten fremder Erinnerung bedürfte.« (Gracian, Nr. 147). Rettungslos verloren hingegen ist, wer sich allem verschließt. So gesehen ist der Grant eine Form von Geselligkeit. Und der echte Grantler eine Figur aus dem (Bier-)Garten des griechischen Philosophen Epikur – im Verborgenen leben, die einfachen Dinge des Daseins genießen und mit Gleichgesinnten den zweckfreien Gedankenaustausch pflegen.

Freilich lässt sich der Grant nicht auf eine einzige Philosophenschule festnageln. Der Grantler ist ein wilder Denker, wird also von den unterschiedlichsten geistigen Strömungen gespeist, die teilweise bis in die Antike zurückreichen. Skeptiker und Kyniker, Satiriker und Pessimisten – lang ist die Reihe dieser Philosophen. Es ist folglich nicht übertrieben, zu behaupten: Grant ist der Urgrund des Denkens. Ohne Grant kein Abendland.

Beginnen wir mit Heraklit von Ephesos (520 v. Chr. – ca. 460 v. Chr), dem Grantulus maximus der griechischen Antike. Heraklit ist eigentlich ein Unsympath, wie er im Buche steht: ein versnobter Adliger, der auf das hohe Amt eines Opferpriesters, das ihm qua Herkunft zusteht, freiwillig verzichtet und lieber ein unabhängiger Intellektueller wird, der die einfachen Leute schlicht und ergreifend verachtet. Die meisten Menschen, sagt er, seien schlecht; wie die Herdentiere wollten sie nur satt werden. Und politisch seien sie sowieso völlig unmündig. Daher sein Tipp: Kinder an die Macht. Das klingt recht freundlich, aber Heraklit wäre nicht er selbst, wenn dieser politische Ratschlag an seine Heimatstadt Ephesos nicht im höchsten Maße vergiftet wäre: »Recht täten die Ephesier, wenn sie sich alle Mann für Mann aufhängten und den Unmündigen ihre Stadt hinterließen.«

In seiner Bösartigkeit weist Heraklit fast schon Wiener Grant-Qualitäten auf. Schließt man die Augen und stellt sich einen älteren Herrn mit Vollbart am Würsteleck von Wien-Hütteldorf vor, dann hört man ihn förmlich vor sich hinraunzen: »Hängts eich olle auf, ees Trotteln!« Ein durchaus realistisches Szenario an Wiener Würstelständen, auch wenn ein Herr Heraklit wegen seiner Abstammung vermutlich nicht in Hütteldorf, sondern hinter der Oper seine ›Eitrige‹ (Käsekrainer) mit ›Buckel‹ (Endstück des Brots) nicht gegessen hätte – denn er war Vegetarier, sagt man.

Heraklit wird jedenfalls bis heute der Dunkle genannt, was nicht nur daran liegt, dass seine Lehrsätze manchmal etwas rätselhaft und schwer verständlich sind. Er war wohl auch sonst, soweit wir es aus der anekdotenhaften Überlieferung wissen, ein düsterer Zeitgenosse. Und eigentlich müssten wir diesen radikalen Misanthropen in das Kapitel über die Abgründe des Grants verweisen, wenn er nicht ein grantologisches Grundgesetz formuliert hätte, um das man auch heutzutage einfach nicht herumkommt: »Der Streit ist der Vater aller Dinge«, sagt Heraklit und benennt mit dem Aufeinanderprallen von Gegensätzen das Urprinzip für jeden anständigen Grantler. Denn was wäre der Grant anderes als die Freude am Widerspruch, an der Opposition, am Sticheln, am Gegenargument, manchmal auch gepaart mit der Freude am Jammern oder am Frotzeln. Widerspruch muss sein. Doch Vorsicht, nur nicht übertreiben. Man muss nicht gleich so bösartig werden wie unser adliger Menschenhasser Heraklit. Schon Gracian hat in seiner Lebensregel Nummer 135 vor Menschen mit allzu viel Widerspruchsgeist gewarnt: »Solche Leute machen aus der sanften, angenehmen Unterhaltung einen kleinen Krieg …«

Ein anderer großer Grantler der Antike ist Diogenes von Sinope (ca. 400–323 v. Chr.). Er grantelt den ganzen Tag vor sich hin, weil seiner Meinung nach der Mensch seine Natürlichkeit verloren habe. Diogenes hat also den Zivilisationsblues. Oder, um einen Begriff zu verwenden, den mehr als 2000 Jahre später Sigmund Freud geprägt hat, Diogenes empfindet ein »Unbehagen in der Kultur«. Weshalb sich dieser Sonderling regelmäßig außerhalb der kulturell vereinbarten Konventionen stellt, um diese besser bloßstellen zu können. Auf der Suche nach dem möglichst einfachen, natürlichen Leben lässt er keine Provokation und keine Erregung öffentlicher Ärgernisse aus. So läuft er am helllichten Tag mit einer Laterne über den Markt von Athen, leuchtet einem Mitbürger ins Gesicht, schüttelt den Kopf, geht zum nächsten, leuchtet wieder, schüttelt erneut den Kopf. Irgendwann fragt jemand, was der Unfug soll? Und Diogenes antwortet: »Ich suche einen Menschen.«

Man kann sich gut vorstellen, wie da die Leute geschaut haben. Ein Irrer? Die Antwort dürfte Diogenes nicht lange schuldig geblieben sein. Er fühlt sich – vorsichtig formuliert – von lauter degenerierten Deppen umzingelt und somit recht allein. Aber immerhin ist er optimistisch genug, die Hoffnung nicht ganz aufzugeben und weiter zu suchen nach einem echten Menschen. Würde er die Suche nämlich aufgeben, bliebe ihm eine Menge Spaß verwehrt. So aber stellt er sich lieber wieder auf den Marktplatz und ruft seinen Mitbürgern zu: »Heda, Menschen!« Und sobald sich einer angesprochen fühlt, haut er ihm eine mit dem Stock drüber und blafft ihn an: »Menschen hab ich gesagt, nicht Dreck!«

Diogenes hat einen recht eigentümlichen Humor. Er ist ein aggressiver Grantler, und obendrein nach herkömmlichem Verständnis auch noch schamlos, weil ihm das Animalische gar nicht fremd ist, sondern ein Vorbild fürs alltägliche Leben. Er lebt in einer Tonne, ist quasi ein philosophierender Obdachloser, der ein immer einfacheres Leben anstrebt. Als er sieht, wie ein

Hund trinkt, schmeißt auch Diogenes seinen Becher weg. Kyniker nennt man ihn und seine Anhänger bald, was sich vom Spottnamen ›Hund‹ (auf Griechisch ›kyon‹) ableitet. Diogenes nimmt es gelassen, für ihn ist Hund kein Schimpfwort. Warum auch? Eines Tages bettelt er ein steinernes Bildnis an, mit der Begründung, er wolle sich daran gewöhnen, dass ihm etwas abgeschlagen wird. Ein andermal, als er großen Hunger verspürt, fängt er an, mitten auf dem Markt zu onanieren, und erklärt dazu: »Ach, könnte man doch den Bauch ebenso reiben, um den Hunger loszuwerden.« Der respektlose Naturbursche war also durchaus ein gewiefter Spötter und Kritiker, dessen Grant die zivilisatorischen Grundlagen seiner Zeit ernsthaft infrage stellte. Dass Diogenes dabei auch vor höhergestellten Persönlichkeiten kein Blatt vor den Mund nahm, zeigt jene bekannte Anekdote: Diogenes ist gerade dabei, sich zu sonnen, als ihn Alexander der Große fragt, ob er, der Herrscher, ihm, dem Bettelphilosophen, einen Wunsch erfüllen könne. Worauf Diogenes nur geantwortet haben soll: »Geh mir aus der Sonne!«

Der Grant ist immer auch ein bisschen anarchisch. Und das ist bekanntlich ein Wesenszug, der den Baiern alles andere als fremd ist. So gab es einst ein bairisches Original namens Franz Xaver Krenkl, geboren 1780 in Landshut. Krenkl, ein erfolgreicher Kutscher und Pferdehändler, soll vierzehn Mal das berühmte Oktoberfestrennen auf der Theresienwiese in München gewonnen haben. Mit Rössern kannte er sich also aus. Nur mit dem Bremsen hatte er es nicht so, was auch kein Wunder ist bei einem Rennfahrer. Wo doch der normale Mensch schon so ungern bremst. Jedenfalls überholt der Krenkl eines Tages mit seiner Kutsche im Englischen Garten das Fahrzeug von Kronprinz Ludwig, dem späteren König Ludwig I. Ein echtes No-go seinerzeit, und obendrein ein strafbewährtes. Der Kronprinz giftet sofort aus seiner langsamen Schäsn heraus: »Er weiß wohl nicht, dass das Vorfahren verboten ist!« Was dem Krenkl jedoch ziemlich wurscht gewesen sein muss, denn er antwortet lapidar: »Majestät, wer ko, der ko!« Also: Wer kann, der kann. Was seither ein geflügeltes Wort in Baiern ist.

Auch die Laternennummer des Diogenes ist im Mutterland des Grants nicht völlig unbekannt. Prangerl, der letzte Münchner Hofnarr, der mit bürgerlichem Namen Georg Pranger (1745 – 1820) hieß, ist einmal an einem sonnigen Tag mit einer Laterne durch die Stadt gelaufen und hat die Leute gebeten, ihm beim Suchen nach seinem Verstand zu helfen. Er habe ihn nämlich verloren. Das ist als Happening ähnlich gelungen wie die altgriechische Vorgängerversion und dabei doch wesentlich freundlicher und subtiler als die etwas derb-aggressive Zwangsausleuchtung eines Diogenes. Aber ob sie wirklich weniger kritisch ist? Beim Spaß des Hofnarren ist oft nicht leicht zu sagen, wo der Depp wirklich sitzt – drent oder herent? (Bairisch für drüben oder herüben). Auch das ist Grant – subversiv und heiter. Der Grant des vermeintlichen Narren.

Zu den tragenden Säulen des Grants – darin sind sich die führenden Grantologen weltweit einig – gehört eine skeptische Grundhaltung; und zwar allem und jedem gegenüber. Denn prinzipiell glaubt er erst einmal gar nichts, schon gleich gar nichts Neues, und zwar vor allem deshalb nicht, weil man nie nix Genaues weiß – und nicht einmal das ist sicher. De omnibus dubitandum, sagt der Lateiner: »An allem ist zu zweifeln.« In unserem Zusammenhang übersetzen wir es besser mit: »An allem ist herumzugranteln.« Auch dafür steht ein antiker Denker Pate, der radikale Skeptiker Pyrrhon von Elis (360–270 v. Chr.), der den Leitsatz verfasste: »Wir wissen nichts.« Ein Lehrsatz, der auf Bairisch unbedingt die doppelte Verneinung braucht: »Nix Gwiss woas ma ned!« Und an föhnigen Tagen wird er quasi als Radikalvariante sogar dreifach verneint: »Nix Gwiss woas ma nia ned.« Meister Pyrrhon hätte das vielleicht etwas vornehmer formuliert: Es gebe keine Gewissheiten, weil man nichts wisse und letztlich auch gar nichts wissen könne, weshalb die Weisheit darin bestehe, beim Urteilen zurückhaltend zu sein. Im Idealfall fordert Pyrrhon maximale Indifferenz; die völlige Gleichgültigkeit wird zum Leitbegriff seiner Lehre. Nur so nämlich sei das letzte philosophische Ziel zu erreichen: Gelassenheit und innere Ruhe. Was ins Bairische übersetzt in etwa bedeutet: »Mia is ois wurscht.«

Eine Haltung, die im Alltag nicht immer ganz so einfach durchzustehen ist. Das weiß jeder, und niemand besser als der Grantler, der diese obersten Ziele – nämlich »I reg mi nimmer auf« und »I mecht mei Ruah« – oft genug weit verfehlt. Das muss auch gar nicht überraschen, wo doch sogar der Oberskeptiker Pyrrhon bisweilen Lichtjahre davon entfernt war, das von ihm selbst gesteckte Ziel der Seelenruhe für einen längeren Zeitraum zu erreichen. Aus Diderots Enzyklopädie wissen wir, dass Pyrrhon keineswegs immer so cool war, wie er gern sein wollte. Zum Beispiel konnte er sich maßlos über seine Schwester aufregen, für die er eines Tages einkaufen gehen sollte. Pyrrhon hatscht also mit eingezogenem Kopf über den Marktplatz von Elis und grantelt so vor sich hin »wegen diesem saublöden Weiberleit und überhaupt«, da kommt ihm einer entgegen, der ihn erkennt und prompt fragt: »Ja he, Meister. Wo bleibt denn die Gelassenheit?« Der grantige Skeptiker pulvert ungerührt zurück: »Ja moanan denn Sie eppa, dass mei Tugendlehre aa im Umgang mit Weiber guit?«

Natürlich hat Pyrrhon das nicht auf Bairisch gesagt. Schade eigentlich, schön wär es nämlich schon gewesen. Und denkbar auch. Für die Grantologie ist dieser Pyrrhon jedenfalls seither einer der Kirchenväter. Und was hat die Schwester zu dem Vorfall gesagt? Das ist leider nicht überliefert. Na ja, Frauen und Grant, eh ein eigenes Kapitel.

Gelassenheit ist also manchmal Glückssache, auch und gerade für Grantler. Allerdings weiß der Grantler haargenau, dass er gar nicht dazu berufen ist, stets völlig indifferent und gleichgültig durchs Leben zu laufen. Er bleibt also auch seiner eigenen Skepsis gegenüber skeptisch. In jedem Fall behält er seine Zweifel gegenüber vermeintlich unfehlbaren Heilslehren. Und das ist auch gut so. Grant ist ein wunderbares Mittel gegen Dogmatismus und Leichtgläubigkeit. Beides sind für ihn jene Schwächen des Geistes, die das meiste Unheil anrichten. Vor diesem Hintergrund ist auch jener Onkel Wilhelm besser zu verstehen, der trotz eines Oberschenkelhalsbruchs nicht zum Arzt gehen wollte. Seine Medizinerphobie begründete der 91-Jährige so: »Diese Deppen sterben doch selber alle schon mit 60 oder 70.«

Der wahre Grantler ist seinem Wesen nach undogmatisch und geistig heimatlos; er ist ein Nomade des Denkens, ein Sioux-Jäger, der seine Pfeile in jede Richtung abschießt; vorzugsweise dorthin, wo die größten Bisons, sprich: Rindviecher vorbeilaufen. Ja, ja, ist schon recht, sagen jetzt all jene, denen der Grantler mit seinem dauernden Grant tierisch auf die Nerven geht. Sprunghaft sei er, permanent unzufrieden, ein schwieriger Mensch halt. »Warum auch nicht«, könnte man entgegenhalten: »Von der einfachen Sorte gibt es ja eh schon viel zu viele.« Und was heißt schon kompliziert? Warum soll er nicht aufmucken? Unzufrieden sein? Vor allem mit dem, was ihm die Allzu-Zufriedenen und die Selbst-Zufriedenen Tag für Tag vorsetzen. Der Grantler, dem man gern eine kleinbürgerliche Haltung vorwirft, erweist sich bei genauerer Betrachtung als durchaus unbürgerliche Figur, ja als anarchische, vielleicht sogar gelegentlich anarchistische Erscheinung. Michael Bakunin, der zwar kein Baier, aber ein Anarchist war, bezeichnete die »Empörung« als eine der drei Grundbedingungen für persönliche wie gesellschaftliche Entwicklungen. So verstanden trägt Grant zum Fortschritt bei, ohne dass er ihn anstrebt. Der Grantler ist einer, dem der geistige Mittelfinger locker sitzt; einer, der heilige und scheinheilige Glaubenssysteme dekonstruiert und nicht müde wird, auch mal laut zu fragen: »Was geht mich eigentlich euer Blödsinn an?«

Eine Frage, die bereits Max Stirner (1806–1856) umtrieb. Der Philosoph aus dem oberfränkischen Bayreuth hieß eigentlich Johann Caspar Schmidt. Als Lehrer, der aus einfachen Verhältnissen stammte, publizierte er unter dem Namen Stirner, beeinflusste mit seinem Denken sogar den Grant-Master Nietzsche und bekam das ideengeschichtliche Etikett ›Individualanarchist‹ ans Revers geheftet. In seinem philosophischen Hauptwerk *Der Einzige und sein Eigentum* schreibt Stirner: »Was soll nicht alles Meine Sache sein! Vor allem die gute Sache, dann die Sache Gottes, die Sache der Menschheit, der Wahrheit, der Freiheit, der Humanität, der Gerechtigkeit; ferner die Sache Meines Volkes, Meines Fürsten, Meines Vaterlandes; endlich gar die Sache des Geistes und tausend andere Sachen. Nur Meine Sache soll niemals Meine Sache sein.«

Max Stirner war offenkundig ein großer philosophischer Grantler, vielleicht sogar der größte. Er wagte den moralischen Befreiungsschlag und machte die Welt zu seinem Material, »mit welchem Ich anfange, was Ich will«. Egoistisch – schreit da die Menge. Wohl wahr, raunzt Stirner zurück: Lang genug hab ich mir das Große und Ganze als meine Angelegenheit verkaufen lassen. Alles nur Schmäh, grantelt Stirner: »Mir geht nichts über

Mich. Alle Wahrheiten unter Mir sind Mir lieb; eine Wahrheit über Mir, eine Wahrheit, nach der Ich Mich richten müsste, kenne Ich nicht. Für Mich gibt es keine Wahrheit, denn über Mich geht nichts!« Ni dieu, ni maître. Der echte Grant kennt keine Götter und keine Vorgesetzten. Vor ihm sind alle gleich. Er ist die höchste Form philosophischer Freiheit.

Pessimismus oder der Grant als Stadium der Reife

»Alles hat zwei Seiten, eine schlechte und eine noch schlechtere.« (Georg Kreisler)

Der Blues des Südens hat seine unverkennbaren Rituale und rhetorischen Figuren. Fragt man in Baiern eine Person, die vom Blues des Südens befallen ist, wie es ihr geht, kann man jederzeit damit rechnen, dass sie des Lebens scheinbar überdrüssig und leicht angewidert das Gesicht verzieht und antwortet: »Ja mei, es hilft ja eh nichts.« Ein relativ kurzer Satz, mit dem uns der Sprecher allerdings einiges mitteilt. Nämlich ungefähr das: »Ich, der oder die Gefragte, sollte auf so eine Frage eigentlich gar nicht erst antworten, weil es sich doch von selbst versteht, dass es in diesem, unserem Universum – zumindest aber in diesem, meinem Leben – nichts, aber auch rein gar nichts gibt, ja geben kann, was Anlass bietet zur berechtigten Hoffnung, dass es mir gut geht oder irgendwann einmal gut gegangen ist oder in Zukunft gut gehen könnte. Wenn ich aber schon einmal gefragt werde, so antworte ich nur, damit nicht der Eindruck entsteht, es gehe mir doch gar nicht so schlecht. Gleichzeitig ist meine Antwort im Tonfall so gehalten, dass kein Mensch je auf die Idee kommt, man könne an seinem eigenen Schicksal etwas ändern. Oder überhaupt irgendeiner könne an seinem oder anderer Leute Schicksal irgendwann einmal irgendetwas ändern. Es ist alles, wie es ist. Nämlich ein Jammertal. Klagen hilft auch nicht, worin letztendlich das eigentlich Beklagenswerte liegt. Und das alles lässt sich nun einmal nicht kürzer ausdrücken als mit dem Satz: ›Ja mei, es hilft ja eh nichts.‹«

Nun kann man diese Haltung getrost als fatalistisch bezeichnen, und es ist auch nicht ganz von der Hand zu weisen, dass in diesem Fatalismus nur wenig zu spüren ist von einer begeisterten Verherrlichung des Schicksals. Nein, es ist eher die resignative Variante, die tief im Süden gern gepflegt wird; jener Blues, der erst Einsicht in die eigene Machtlosigkeit gewährt, weil ja eh alles kommt, wie es kommen muss (und wenn es anders gekommen wäre, wär es gewiss auch nicht viel besser geworden – auf dieser Basis hat übrigens die CSU in Bayern schon viele, viele Wahlen gewonnen). Es kommt also, wie es einem aufgesetzt ist. Das gilt für Autounfälle, Krankheiten, Ehepartner, Lottogewinne oder Wahlergebnisse. Einfluss auf das Schicksal hat man nicht, allenfalls der Gang zur Heiligen Jungfrau Maria von Altötting könnte etwas bewirken. Aber nichts Genaueres weiß man auch da nicht, weil es halt Glaubenssachen sind und bleiben. Wer allerdings die nahtlosen Übergänge von bairischem Skeptizismus, pessimistischer Grundhaltung, teils zwergerlbunter Volksfrömmigkeit und gelegentlich recht tiefer mystischer Versenkung genauer studieren will, der besuche das Herz Bayerns, den oberbayerischen Wallfahrtsort Altötting und seine Gnadenkapelle. Dort ließen nicht nur die wittelsbachischen Herrscher nach dem Tod ihre Herzen in Silberurnen beisetzen, um nahe bei der Schwarzen Madonna von Altötting zu sein. Auch das einfache Volk pilgert seit Jahrhunderten zur Heiligen Jungfrau und bittet um Gnade oder dankt für die Rettung aus großer Not.

Die 2000 Votiv- und Mirakeltafeln, die rund um die heilige Kapelle von Altötting hängen, erzählen wundersame Geschichten aus dem Leben der einfachen Leute. Da fällt einer vom Dach, muss in den Krieg hinausziehen oder wird vom umstürzenden Traktor begraben; da liegt ein Kind sterbenskrank darnieder, ein junger Mann fährt mit dem Auto an den Baum, oder ein Blitz schlägt ein im Hof des Bauern. Alltagsgeschichten. Geschichten von höchster Not, die aber am Ende allesamt gut ausgehen, weil sich die Betroffenen rechtzeitig an die Heilige Jungfrau gewandt haben. Nach der Rettung stiften sie eine Votivtafel, die dann im Kapellen-Umgang von Altötting aufgehängt wird: »Zur Danksagung der seligsten Muttergottes für ihre Fürbitte vor dem drohenden Unglück«. Das Prinzip Hoffnung auf bairisch – in bunten Farben gemalt auf Holz, 30 mal 40 Zentimeter.

Eine andere freilich gibt es hienieden auf Erden ohnehin nicht, denn am Ende wartet auf alle der Tod; ebenfalls vorab zu betrachten in der Altöttinger Stiftskirche. Der »Tod z' Eding«, auf Deutsch »Der Tod von Altötting«, ist Altbayerns fleißigster Handwerker. Nur 50 Zentimeter groß ist das Skelett aus versilbertem Holz, das in sieben Metern Höhe eine Sense schwingt und hohen Respekt genießt, weil mit jedem Sensenschlag – sagt man – ein Mensch stirbt. Seit dem 17. Jahrhundert praktiziert der Meister, unerschütterlich und mit einer Präzision, die allen Sterblichen einen Schauder über den Rücken jagt. Nicht nur Schulkinder erschrecken seit Generationen immer wieder aufs Neue, wenn sie zum ersten Mal diese spirituelle Schluckimpfung gegen alle Eitelkeiten irdischen Daseins verabreicht bekommen.

Dieses Jedermann-Motiv ist ein Grundprinzip des Grants: »Was sollen all die irdischen Eitelkeiten? Bloß keine Hybris, meine Herrschaften, ihr kommt's auch noch dran«, mault der Grantler, der für seine Wahrheiten nicht unbedingt ein besonders gläubiger Katholik sein muss. Der bayerische Poet und Liedermacher Georg Ringsgwandl ist gewiss ein großer Grantler vor dem Herrn, aber bestimmt keiner, der den Herrgott dreimal am Tag vom Kreuz herunterholt oder gar Hosianna singend hinterm Papamobil herhecheln würde. Den bairischen Memento-mori-Grant hat Ringsgwandl in seinem Lied *Nix mitnehma* aber genau beschrieben: »Du konnst Kardinal sei, schee feierlich und fett, oder frommer Pfarrer mit Zölibat und Doppelbett, doch du konnst da nix mitnehma, naa, du konnst da nix mitnehma.« Gemeint ist natürlich ins Jenseits.

Ähnlich anschaulich formulierte es der österreichische Grant-Master Karl Kraus: »Karriere ist ein Pferd, das ohne Reiter vor dem Tor der Ewigkeit anlangt.« Am Ende erwischt es nämlich jeden, selbst Könige. Ja sogar Märchenkönige wie Ludwig II., dessen »Herz, das so groß und warm für alles Erhabene und Schöne schlug«, seine letzte Ruhestätte 1886 in Altötting fand. Für die geladenen Gäste gab es übrigens im Hotel zur Post neben ›Lebersupp mit Hirnschöberl‹ auch ›Bohnen mit gebeizter Zunge‹ – was für ein Menü anlässlich einer Herzurnenüberführung! Da sage noch einer, den Bayern fehle es an schwarzem Humor. Was dem Wiener sein ›Herzgrüftel‹ in der Loretokapelle der Augustinerkirche, das ist dem Bayern eben seine Gnadenkapelle von Altötting. Denn nirgendwo sind sich die Baiern – also die Altbayern, Österreicher und Wiener – näher als im Grant und im Tod. Der Blues des Südens hat weniger zu tun mit romantischer Todessehnsucht oder gar mit einem Todeskult, sondern mehr mit der Einsicht in den notwendigen Lauf der irdischen Dinge. Sich abfinden mit dem Unabänderlichen – mal larmoyant, mal trotzig, mal weinerlich und ganz oft mit Humor. Auch das ist eine Spielart des Grants.

Diese fatalistische Haltung ist übrigens ein Grund dafür, dass sich Grantler gern über das Wetter unterhalten. Egal ob es warm ist oder schneit, ob Dürre herrscht oder eine Föhnlage den Baiernschädel quält. Irgendwas gibt es immer auszusetzen. Und ändern kann man es eh nicht. Ein perfektes Grantler-Thema also. Sollte jedoch das Wetter tatsächlich einmal makellos sein, was ja auch hierzulande gelegentlich vorkommt, dann lässt sich der Grantler seinen Grant trotzdem nicht versauen, denn er findet ja leicht irgendwas anderes zum Granteln. Nehmen wir folgendes Beispiel: Ein bairisches Paar macht einen Ausflug. Auf der Suche nach einem geeigneten Platz für das Picknick findet es eine traumhafte Anhöhe, mit Blick auf den See, die Berge, die Wiesen. Die Sonne scheint, die Luft ist mild, ein paar heitere Wölkchen tummeln sich verspielt am strahlend blauen Himmel. »Und was ist mit den Ameisen?«, fragt er. »Da sind doch gar keine«, antwortet sie. Darauf er: »Werden schon noch kommen!«

Darüber kann nur schmunzeln, wer noch nie gehört hat, dass es an die 100 Billiarden Ameisen auf der Welt gibt. Was also heißt in diesem Zusammenhang bittschön Pessimismus? Wäre es nicht sinnvoller, von Realismus zu sprechen? Freilich, wer jung genug ist, behaupten zu können, noch nie mit dem blanken Hintern in einer Ameisenstraße gesessen zu sein, der möge weiterhin von Pessimismus reden und sich auch gern hinsetzen. Alle anderen werden vernünftigerweise stehen bleiben und weiterhin den Rucksack in der Hand und die Bedenken im Gesicht tragen. Und sie werden vielleicht auf das Schicksal des Ehepaars Rambögl aus der Erzählung *Ameisen* von Julius Kreis verweisen. Rosina Rambögl, die anders als ihr Mann eine durchaus romantisch veranlagte Seele war, nötigte ihren Gatten eines schönen Tages, ein Picknick am Boden zu veranstalten. Was Vater Rambögl fast das Leben gekostet hätte, weil ihn um ein Haar die Ameisen gefressen hätten: »Bluatsameisn, bluatige, Hundsviecher dappate, gscherte«, schimpfte Rambögl und jammerte den ganzen Tag über das Malheur, denn er hatte es ja kommen gesehen. Am Abend freilich, bei der Heimfahrt – und nach der Einkehr in einem Biergarten – entpuppte sich Rambögl dann fast als Naturmystiker: »Gehst naus in d'Natur, siehst was, hast was davo, a jed's Bleami, a jed's Viecherl freut di.«

Denn Ameisen hin, Ameisen her – was Rambögl eigentlich damit sagen wollte: der Baier ist im Grunde schon ein Naturmensch, aber er ›picknickt‹ halt nicht, sondern macht lieber Brotzeit. Und dafür braucht er neben Radi, Brezn, Obatztn und Bier halt auch einen Tisch und eine Bank.

Rambögls Werd-scho-no-kemma-Grant, der auf den ersten Blick so ungemein resignativ wirkt, war eben nicht destruktiv. Der Grant geht halt nur manchmal, um mit Gottfried Benn zu sprechen, »bis an den Rand des Dunkels« und »bewahrt Haltung auch vor diesem Dunkel«. Denn wo ein Dunkles ist, weiß der Grantler aus Erfahrung, da gibt es meist auch ein Helles. Und vielleicht sogar ein Weizen. Und einen gscheiten Platz zum Hinsetzen. Na also, geht doch, oder? Auch ohne Ameisen.

Es ist leicht zu erkennen: Der Grant ist eine Art Beschwörungsformel, ein Schadensabwehrzauber; quasi ›Bavarian Voodoo‹. Der Grantler trägt nämlich seinen Zweckpessimismus ganz demonstrativ zur Schau, um das Schlimmste zu verhindern; in der Regel also Hunger und Durst, aber auch viele andere Enttäuschungen des Lebens. Wo der Optimist fröhlich pfeifend in den Abgrund stolpert, hat der Grant längst die Bremse gezogen. Genauer gesagt fährt der Grantler dauernd mit angezogener Handbremse, denn Abgründe gibt es ja jede Menge. Eigentlich besteht die ganze Welt aus Abgründen. Man schlage nur einmal die Zeitung auf oder schalte das Radio ein; Fernsehen hingegen ist für echte Grantler aus gesundheitlichen Gründen nicht ratsam; dieser Grant-Beschleuniger ist viel zu gefährlich. Denn wenn zu all den Horrormeldungen auch noch die entsprechenden Gesichter zu sehen sind, kann ein zu Bluthochdruck neigender Grantler durchaus in gesundheitliche Schieflage geraten. Unvermeidlich wird dann eine saubere Wutattacke, wie sie uns der Prolet-Grantler Mundl Sackbauer in *Ein echter Wiener geht nicht unter* auf unnachahmliche Weise immer wieder vorgemacht hat: »I mach überhaupt nie was mit Gewalt, aber ändern muss sich was! Hauts euch über die Häuser, es Trotteln!«

Welcher anständige Grantler hätte noch niemals so ähnlich reagiert, wenn er mit der Fernbedienung in der Hand auf seinem Kanapee sitzend in das große schwarze Loch namens TV-Unterhaltung hineinstarrt; wo halbseidene Politdarsteller und Schwiegersohn-der-Nation-Moderatoren mit ihrem Heiratsschwindlerlächeln gemeinsam um den lauwarmen Brei herumtalken; wo sogenannte Comedys mit computergesteuerten Lachmaschinen gestanzte Geschmacklosigkeiten am laufenden Band produzieren. »Was heißt da schon Kulturpessimismus?«, fragt der Grantler, der gerade dabei ist, seinen Fernsehapparat aus dem dritten Stock zu werfen, um ihn durch ein Warmwasseraquarium zu ersetzen. Oder durch einen Vogelkäfig. Eine äußerst weise Entscheidung. Denn wie sagte schon der Grant-Philosoph Mundl Sackbauer: »Des wird a Hetz werden, wenn der Vogel ›Leck mi am Arsch‹ sagen kann! Sitzt blöd da und denkt si nix dabei!« Na also, es geht doch auch ohne Fernseher.

Kulturpessimismus ist an dieser Stelle übrigens nicht angebracht, denn das Umsichgreifen seichten Humors hat auch gute Seiten. Zumindest, wenn man dem Kabarettisten Ernst Röhl glaubt, der die Faustregel aufgestellt hat: »Schlechte Zeiten, gute Witze.« Es müssen demnach wunderbare Zeiten sein, in denen wir leben – sagt sich der Grantler, wohl wissend, dass Humor natürlich immer Geschmackssache ist. Deshalb hört sich beim

Humor auch der Spaß auf. Weshalb der Grantler am liebsten nur noch Tierfilme anschaut, denn: »Manchmal kommen mir die Affen gscheiter vor als wie die Menschen«, sagt Mundl Sackbauer. Also lieber Tierfilme. Oder alte Werke mit großen Grant-Darstellern wie Fritz Strassner, Karl Valentin, Fritz Muliar, Helmut Qualtinger, Jörg Hube …

»Valentin? Qualtinger? Hube? Alle tot«, raunzt der Grantler traurig vor sich hin und pflegt seinen Blues: »Es gibt ja keine guten Grant-Darsteller mehr.« Wer jetzt einen ganz großen Fehler machen will, der falle ihm an dieser Stelle ins Wort und gebe sich besonders optimistisch. Nach dem Motto: »So schlimm ist es auch noch nicht, selbst heute gibt's noch große Grant-Darsteller – denken Sie nur an Gerhard Polt oder an …« Spätestens jetzt wird er ganz schmallippig und wortkarg, unser Grantler. Sein Blick verdüstert sich schlagartig, denn er erkennt seinen ärgsten Feind – den notorischen Optimisten. Also jenen unverbesserlichen Dauer-Lächler, der überall das Gute, Schöne und Wahre wittert. »Klarer Fall für die Hirnforschung«, raunzt der Grantler beim Anblick solcher Frohnaturen.

Tatsächlich hat sich die Forschung mit dieser Art von Extrem-Optimismus auseinandergesetzt. Ein Londoner Wissenschaftlerteam hat Tests und Hirnscans von 19 Probanden ausgewertet und ist zu dem Ergebnis gekommen: »Das Gehirn notorischer Optimisten blendet Negativinformationen einfach aus.« »Typisch Blender«, wirft der Grantler ein, während die Wissenschaftler Vor- und Nachteile des positiven Denkens herausarbeiten (Sie dürfen raten, welche ›-teile‹ der Grantler bevorzugt wahrnimmt). Dauer-Optimisten sind demnach zwar manchmal leichtsinnig und unvorsichtig, dafür lässt das positive Denken diese Menschen fröhlicher durchs Leben gehen, was wiederum die geistige und körperliche Gesundheit fördert.

»Aber was heißt schon gesund?«, mault da der Grantler und zitiert Karl Valentin: »Gar nicht krank ist auch nicht gesund.« Und überhaupt: »Meinetwegen soll der unverbesserliche Optimist so gesund sein, wie er will«, fügt der Grantler hinzu: »Wenn er bloß endlich aufhört, dauernd so deppert zu grinsen!«

Es ist unschwer zu erkennen, dass Grant und Pessimismus kaum voneinander zu trennen sind. Und weil der Pessimismus nicht einfach nur eine schlechte Laune ist, sondern ein Stadium der Reife, wie Ludwig Marcuse gesagt hat, wird der Grant mit zunehmendem Alter immer grantiger und pessimistischer. Wenn nichts mehr ist wie früher, wenn alles zwickt, alles nervt, und überhaupt ... dann ... ja, was dann? Der Schuster Julius Kraus hat diesen Alters-Grant auf den Punkt gebracht: »So geht's eben jedem mit seinem dreckigen Leben. Zuletzt, wenn man nicht mehr arbeiten kann oder mag, will man nachdenken, und da kommt 'raus, dass unser ganzes Leben eine hohle Nuss gewesen ist. Und das, verstehst du, das ist ärgerlich. Das können die Wenigsten vertragen. Und auf was verfallen sie dann? Auf den Herrgott und die verschiedenen Heiligkeiten. Anders halten sie es nicht mehr aus.«

Wem diese Grant-Analyse des Schusters Julius Kraus nun doch ein wenig zu pessimistisch ist, dem sei gesagt, dass es sich bei Kraus nur um eine Romanfigur aus Oskar Maria Grafs *Unruhe um einen Friedfertigen* handelt. Literarischer Grant also, und somit kaum der Rede wert, denn wie sagt schon der Wiener Mundl Sackbauer: »Lesen ist der größte Scheiß. Das macht die Leut nur deppert.«

Himmlischer Grant

I glaub grad des, was I mit eigene Augen siech. (Brandner Kaspar)
An diesem Volksstamm kannst zerschellen. (Boandlkramer alias Tod)

Grantler sind in der Regel keine systematischen Denker; sie sind eher Aphoristiker. Sie fechten auch selten mit dem Florett, lieber mit dem Vorschlaghammer. Den allerdings bedienen sie mitunter so anmutig und wirkungsvoll wie ein d'Artagnan seinen Degen. Zum Beispiel erzürnt sich der Grantler ganz spontan, assoziativ und individualanarchistisch mit einem beherzten »Kreizkruzifixsakramentnomoinei, wos waar iatz des wieder für a Blädsinn.« Damit macht er nicht nur seinem Ärger Luft, sondern bringt auch seine fundamentale Kritik an den Unzulänglichkeiten der Schöpfung zum Ausdruck. Gemäß dem Max-Stirner-Motto »Mir geht nichts über Mich« stellt sich der Grantler philosophiegeschichtlich in eine Reihe mit den großen Zertrümmerern. Und zwar relativ weit vorn in die Reihe, schließlich war er es ja, der die Destruktion abendländischer Metaphysik entscheidend vorangetrieben hat. Heidegger? Derrida? Nix da! Bairische Grantler waren's, deren Grant zum metaphysischen Aufbegehren wurde.

Da ist zum Beispiel der Philosoph Alois Hingerl, im bürgerlichen Beruf Dienstmann Nr. 172 am Münchner Hauptbahnhof. Vom Schlage getroffen, beförderten zwei Engerl den Hingerl ins Jenseits, wo er relativ rasch bekannt wurde für seine Unbotmäßigkeiten und Renitenzen. Insbesondere mit der himmlischen Hausordnung und ihrem Anforderungsprofil für Engel und andere feinstoffliche Lichtgestalten – die ständig »frohlocken« und »Hosianna singen« sollten – sowie mit den für ihn recht ungewöhnlichen diätetischen Gewohnheiten der Überirdischen – Manna, das heißt Himmelsbrot essen statt Bier trinken und Schmaizla schnupfen – war Aloisius, wie er dort oben genannt wurde, überhaupt nicht einverstanden. Gemäß dem anarchistischen Grundsatz »Ni dieu, ni maître« zettelte er eine himmlische Revolte an und zögerte nicht, seine Kritik in der Hierarchie bis ganz hinauf zum Chef zu tragen. Denn in Baiern geht nicht zum Schmiedl, wer beim Schmied vorsprechen kann. Hingerl konnte und opponierte also wortgewaltig: »Ja, was glaabn denn Sie?«, sagte er. »Weil mia da im Himme san, müaßt i singa wiar a Zeiserl, an ganzn Tag, und ztrinka kriagat ma gar nix! A Manna, hat der ander gsagt, kriag i! A Manna! Da balst ma net gehst mit dein Manna! Überhaupts sing i nimma!«

Hingerl war beim Chef bereits zuvor durch seinen lautstarken Grant unangenehm aufgefallen. »Ha-ha-lä-lä-lu-u-uh – – Himmi Herrgott – Erdäpfi – Saggerament – – lu – uuu – iah!«, schallte es durchs Paradies, was auf Dauer natürlich ein untragbarer Zustand war, weil himmlisch sich auf Ruhe reimt und nicht auf Hooligan oder Hausfriedensbruch. Die Krise war also unvermeidlich, auch wenn der Herrgott durchaus Verständnis hatte für Grant aller Art, und somit auch für den des Boten Hingerl, schließlich war er, der Herrgott, doch selbst der größte Grantler aller Zeiten, der seinem Ebenbild, kaum war's gezeichnet, eine Mängelliste zukommen ließ, die sich gewaschen hatte: »Du sollst dies nicht, du sollst das nicht«, heißt es in den Zehn Geboten, jenem grantologischen Ur-Katalog par excellence, der dem Mängelwesen Mensch seither in die Wiege gelegt ist. Dass man überhaupt keinen lieben Gott braucht, um das »noch nicht festgestellte Thier« permanent zu kritisieren, hat der Nietzsche später eindrücklich unter Beweis gestellt. Aber wir bleiben zunächst bei unserem Grant-Gott – bevor ihm von Menschengrantlern gekündigt wurde – und seinem Herausforderer Hingerl, der im himmlischen Kontext also untragbar geworden war. Wir dürfen getrost davon ausgehen, dass Hingerl genau wusste, was er tat, als er durch lautes Schimpfen und Fluchen seinen Rauswurf provozierte. Er kannte die Achillesferse des Systems. Mord und Totschlag? Kein Problem. Unzucht, Diebstahl und Betrug? Alles bald verziehen. Aber Fluchen?

Von heutigen Schimpfwortforschern wie dem Bavaro-Amerikaner Reinhold Aman wissen wir, dass Gotteslästerung eine von drei Großgruppen des weltweiten Fluchens darstellt – neben Familienbeschimpfern und Unter-der-Gürtellinie-Fluchern. In katholischen Gegenden wie Bayern und Österreich ist es die Gruppe schlechthin, denn dort verletzt die Gotteslästerung ein großes Tabu. Hingerl wusste das und nahm es in Kauf, weil ihm das Paradies schier unerträglich war, insbesondere unter den Vorzeichen der Ewigkeit. Sein Grant wurde also zur Waffe des Wortes, mit der Hingerl sich widersetzte, denn er hatte beschlossen, aus der Glückseligkeit des himmlischen Vaterlandes zu desertieren. Was ihm auch gewährt wurde, zumindest für ein, zwei Tage in der Woche. Hingerl durfte also ins irdische München zurückkehren, »und als er plötzlich Münchner Boden unter den Füßen fühlte, da war es ihm, als sei er im Himmel«. Dass er dort gewisse Aufgaben nicht erfüllt haben soll – etwa der bayerischen Staatsregierung göttliche Ratschläge zu überbringen – mag man je nach politischem Standpunkt als originelle Pointe oder als Laune des Hingerl-Erfinders Ludwig Thoma verstehen.

Wichtiger für unseren Zusammenhang ist, dass es für Hingerl in Bayern schöner war als im Himmel. Denn Bayern ist der Himmel. Das sieht auch der liebe Gott so, sonst hätte er den Hingerl ja nicht ziehen lassen. Der Schriftsteller Carl Amery hat in seinem Buch *Leb wohl geliebtes Volk der Bayern* auf die statische Weltfrömmigkeit des bairischen Stammes hingewiesen, und in diesem Zusammenhang den romantischen Münchner Philosophen Franz von Baader zitiert, für den die Existenz einer schönen Welt nur dem Mitleid Gottes zu verdanken sei. Während der Mensch tendenziell verderbt ist, bleibe die äußere Natur ein »mächtiger Schild, durch welchen der Schöpfer dem Vater der Lüge immer den Mund verschlossen hält«. Was bei Franz von Baader etwas philosophisch steif daherkommt, klingt bei Hingerl einfacher, nämlich etwa so: »Herunt is' scheena!«

Es ist also dem Philosophen Alois Hingerl mithilfe des Grants gelungen, das Jenseits zumindest in Teilzeit zu überwinden, um den Rest der Woche in alle Ewigkeit hienieden auf Erden zu sein, nämlich im Hofbräuhaus zu München, auf seinem Stammplatz.

Alois Hingerl ging freilich nicht so weit wie jener andere große Zertrümmerer der Metaphysik: Ludwig Feuerbach – ein gebürtiger Landshuter – der in München aufgewachsen ist. Feuerbach sah den Zweck seiner Schriften darin, die Menschen »aus religiösen und politischen Kammerdienern der himmlischen und irdischen Monarchie und Aristokratie zu freien, selbstbewussten Bürgern der Erde zu machen«. Dazu musste er den lieben Gott und das Paradies gleich ganz abschaffen. Der Grant als radikaler Aufklärer. Auch das ist gut möglich.

Ein anderer großer bayerischer Philosoph ist der Tegernseer Schlosser, Büchsenmacher und Jagdgehilfe Kaspar Brandner; eine literarische Figur, die mit einer Flasche Kerschgeist und einem Satz Spielkarten sogar den Boandlkramer, also den Tod überlistet. Das Licht der Welt erblickte Brandner 1871 in einer Erzählung des Autors Franz von Kobell. Seither erfreut sich das Schlitzohr in Bayern großer Beliebtheit, was nicht zuletzt auf diverse Theater-, Hörspiel- und Spielfilmfassungen zurückzuführen ist.

Kaspar war ein fleißiger, braver Mann, immer lustig und schneidig, 72 Jahre alt und lang schon Witwer. »Gforchtn hat er ihm vor gar nix«, nicht einmal vor dem Tod, der eines Tages an seine Tür klopft: »Kaspar, i bin der Boandlkramer und hob di fragn wolln, ob du nit ebba mit mir geh willst?«

»So? der Boandlkramer bist, naa Bruader, i mag nit mitgeh, gfallt ma no ganz guat auf der Welt.«

Brandner versucht, ein paar weitere Lebensjahre herauszuschinden, und als er merkt, dass mit dem Tod nicht gut zu verhandeln ist, holt er eine Flasche Schnaps und ein paar Kirtanudeln aus dem Küchenschrank. Er füllt den Boandlkramer mit Kirschgeist ab und überredet ihn zu einem Kartenspiel: »Wann jetz du in dein Häuferl an Grasober hast, so gehn i mit dir wann du magst, wann aber i den Grasober in mein Häuferl hob, so derfst ma nimmer kemma, bis i 90 Jahr alt bin.«

Der Brandner betrügt den Boandlkramer beim Kartenspiel und bekommt seine Verlängerung auf Erden. Unverwüstlich lebt der Rebell gegen die Endlichkeit weiter in seiner Tegernseer Heimat. Aber die Zeiten werden schlechter; die Söhne des Brandner fallen im Tiroler Krieg 1809; und auch sonst hat ihm die Welt nimmer recht gefallen. Den Tod rufen, das wollte er freilich auch nicht. Als eines Tages die Sennerin der Gindlalm von einem Stier getötet und vor den Heiligen Petrus, den Himmelsportner, zitiert wird, fliegt der Schwindel des Brandner zufällig auf. Der Boandlkramer wird sofort zum Rapport gerufen, er soll den Überfälligen schnellstmöglich nach oben holen. Der Tod reist also wieder an den Tegernsee und kann den Kaspar überreden, wenigstens einmal kurz ins Paradies zu schaun. Als der Brandner oben seine Frau und seine Söhne trifft, beschließt er, ganz dort zu bleiben.

Es gibt in Bayern noch gestandene Intellektuelle, die gläubig sind und Wert darauf legen, dass ihr Bild vom Jenseits im Großen und Ganzen dem im Stück vom Brander Kaspar entspricht. Schuld daran dürfte Kurt Wilhelm, der Ururgroßneffe Kobells sein, der die Geschichte 1975 bearbeitet und für das Residenztheater in München inszeniert hat. Kurt Wilhelm fügte der Geschichte die himmlischen Szenen hinzu, seither ist der *Der Brandner Kaspar und das ewig' Leben* ein bayerischer Theaterklassiker, nicht zuletzt weil versprochen wird, dass das Paradies bayerisch ist, sonst wäre es ja keins. Es gibt also einen eigenen Himmel für Preußen, für Österreicher und für Bayern. Wobei die Grenze zwischen den Letzteren einigermaßen durchlässig zu sein scheint. So soll sich Mozart häufiger im bayerischen Himmel aufhalten als bei seinen Leuten: »Die san eahm zu ungewiss.«

Im bayerischen Paradies freilich muss es ausschauen wie im Tegernseer Land. Und die Eigenarten der Himmelsbewohner werden in der Unterhaltung zwischen dem Portner Petrus, der Brandner-Enkelin Marei und dem bayerischen Historiker Johannes Turmair, genannt Aventinus, recht deutlich:

Marei: Der Großvater is a eiserner Dickkopf.
Portner: Des san's alle, die Bayern.
Turmair: Mit ihrem Grant in Ewigkeit.
Marei: Der werd si heroben scho legen.
Portner (ärgerlich): Ah, woher.
Turmair: Den müss'ma am jeden lassen –
Portner: – sonst machen's uns womögli no Reformation.

Kurt Wilhelm spickt sein Stück mit geistreichen Anspielungen auf die bayerische Geschichte. So stand – wie berichtet – Turmair alias Aventinus im 16. Jahrhundert den lutherischen Ideen sehr nahe. Und die Angst Petri vor einem erneuten reformatorischen Grant der Bayern wirkt offenbar noch bis ins Paradies hinüber.

Aber jenseits von Geschichte und patriotischer Folkore: Was macht eigentlich unseren Brandner Kaspar zu einem Helden? Ist es seine Aufmüpfigkeit gegen den Tod? Ist es seine Schlitzohrigkeit? Sein widerspenstiger Grant gegen den Lauf der Zeit? Ja, all das ist es – auch. Denn es macht ihn zum Menschen. Am Ende aber ist es eine philosophische Einsicht, die ihn zu einem zeitlosen Helden werden lässt. Die Einsicht, die einem existenziellen Grant entspringt, nämlich: dass am Ende keiner übrig bleibt, und dass es gut so ist. Wenn Philosophie, wie Platon sagte, die Kunst ist, sterben zu lernen, dann war der Brandner Kaspar am Ende ein – grantiger – Philosoph und Künstler. Er war zu der Einsicht gekommen, die Epikur vor 2300 Jahren so formuliert hat: »Die Unendlichkeit birgt die gleiche Freude wie die begrenzte Zeit, wenn man nur die Grenzen der Freude durch Nachdenken richtig ermittelt hat.«

Vielleicht kann der Grant eines Brandner Kaspar in Zeiten von Maschinenmedizin und Lebensverlängerung um jeden Preis die eine oder andere Anregung geben beim Erlernen der Sterbens-Kunst. Wenn schon die zahlreichen philosophischen Lebenskunst-Büchlein, die unsere Buchläden zieren, wenig zum Tod-Erlernen – und somit wenig zum Leben-Lernen – beitragen.

Vom Warten an der Schein-Bushaltestelle: Grant und Politik

Wenn Macht die Währung der großen Politik ist, haben Grantler höchstens Kleingeld in der Hosentasche. Sie haben zwar nichts zu sagen, aber stets viel zu reden: Sie schimpfen und jammern und knurren, wenn sie nicht gerade lästern oder die da oben derblecken. Grant ist die Münze des kleinen Mannes. Und die Kunst der indirekten Opposition. Der Grantler grantelt, weil er nicht die Macht hat, offen zu rebellieren. Eher selten mischt er sich daher ein in die große Politik. Er meidet offene Feldschlachten, in denen er zwangsläufig unterliegen würde wie die bairischen Bauern im Januar 1706 vor Aidenbach. Der Grant ist vorsichtig, er liebt den verdeckten Einsatz, den Kleinkrieg, die Guerilla. Der Grantler ist der Partisan des Alltags, der mit leichtem Gepäck durchs Hinterland der veröffentlichten Meinung streift und seine wohldosierten Nadelstiche setzt. Sein Widerspruch ist durchaus offen, aber nur für jenen kurzen Augenblick, in dem er aus der Deckung der Masse heraustritt und wie ein Heckenschütze operiert, um dann wieder im Getümmel der öffentlichen Meinung abzutauchen. Der Grantler begnügt sich also – insbesondere auf dem Feld des Politischen – mit kleinen Sabotageakten. Fragt man ihn beispielsweise nach dem Sinn politischer Wahlen, antwortet er: »Wenn sie was bringen würden, wären's doch nicht erlaubt! Wahlen sind die Schein-Bushaltestellen der Demokratie.«

Diese Einrichtung muss man kurz erklären. Schein-Bushaltestellen wurden erfunden für demente Heimbewohner, die unter einem gestörten Kurzzeitgedächtnis leiden und gern mal ausbüchsen. In der Hoffnung auf Freiheit laufen sie zur nächsten Bushaltestelle. Die sieht eigentlich ganz normal aus, hat Schilder, Fahrpläne und Sitzbänke. Nur einen kleinen Unterschied gibt es: der Omnibus hält dort garantiert nie. Denn die Bushäusl-Attrappe dient ausschließlich dazu, die Patienten abzufangen. Die warten und warten und warten, aber er kommt nicht, der Bus in die Freiheit. Dafür taucht am Ende des Tages ein Sammeltaxi auf, um die Ausreißer ins Heim zurückzubringen.

Haargenau so – sagt der Grantler – verhält es sich mit den Wahlen. Der Wähler, zwar chronisch unzufrieden mit den Politikern, leidet unter einem gestörten politischen Kurzzeitgedächtnis. Deshalb tapert er in regelmäßigen Abständen ins nächste Wahllokal und hofft, dass er von dort endlich mal abgeholt wird. Aber das Wahllokal ist nur eine Pseudo-Haltestelle, die der Klinikleitung untersteht. Am Ende landet der Wähler also wieder unter den Fittichen der Politik.

Natürlich ist der Polit-Grantler darüber maßlos erbost. Er schreibt seitenlange Leserbriefe an die Klinikleitung und die diversen Anstaltszeitungen. Er grantelt stundenlang über den Wahlbetrug und zitiert dazu politikwissenschaftliche Fachliteratur: Das Konzept des Einsatzes von Schein-Bushaltestellen in der Betreuung von politisch Dementen finde in der Fachwelt keine ungeteilte Zustimmung, schimpft der Grantler. Denn der politisch demente Bürger werde vom Klinikpersonal nicht ernst genommen. Und so weiter.

Antwort kriegt er keine; nie. Und so schimpft er weiter laut vor sich hin, über den schwarzen Spendensumpf oder die liberalen Laufburschen der Hotellobby; über den rot gefärbten Gasleitungs-Gert, der als Marionette in den Händen lupenreiner Demokraten zappelt. Oder über den Ex-Sponti-Taxler von den Grünen, der heutzutage einen allzu ausgeprägten Hang zu Statussymbolen hat. »Bagage«, ruft der Grantler, der immer Stoff zum Granteln findet, denn das Politikgeschehen ist ein ergiebiger Steinbruch, aus dem schon begnadete Kabarettisten wie Helmut Qualtinger ihre Gran(i)t-Blöcke herausgeschlagen haben.

Zum Beispiel *Travnicek und die Wahl*, so heißt das 1959 erstmals im österreichischen Fernsehen ausgestrahlte Stück, in dem Qualtingers grantelnde Kunstfigur Travnicek mit seinem Freund vor einer Wand mit Wahlplakaten steht, weil am nächsten Sonntag Nationalratswahlen sind. Aber Travnicek ist davon wenig begeistert, er hält nicht viel von den demokratischen Pflichten des Bürgers.

Travnicek: Na ja – wann's regnet und er keine Kinokarten kriegt, kann er ja zur Wahl gehen.
Freund: Was, Travnicek, glauben Sie, weswegen Sie zur Wahl gehen?
Travnicek: Weil i an Zettel krieg'.
Freund: Nein! Der Politiker braucht den Kontakt mit dem Volke. Durch diesen Zettel erfährt er, was Sie als Wähler von ihm halten.
Travnicek: Des kann i ihm auf'n Zettel aufschreiben?
Freund: Nein, dann ist er ungültig!
Travnicek: Also, was is' des für a Kontakt?
Freund: Die abgegebenen Stimmen sagen den Politikern, was das Volk von ihnen hält.
Travnicek: Und das stört sie nicht?

Nun, vermutlich nicht, sonst wären sie ja längst ausgestorben, die Damen und Herren Politiker. Sind sie ja auch, raunzt da der gemeine Grantler, der die großen Grant-Darsteller in der Politik vermisst. Einen Bruno Kreisky etwa, der immer schon grantig war, lange bevor er in seinen späten Jahren krank und verbittert wurde. Der ›Alte‹, wie der österreichische Bundeskanzler genannt wurde, konnte richtig austeilen. Zum Beispiel, wenn er sich in die Enge getrieben fühlte: »Lernen Sie Geschichte, Herr Reporter!«, attackierte einst Kreisky einen Fernsehredakteur, der nicht nur SPÖ-Mann war, sondern durchaus historisch gebildet. Aber er hatte die falschen Fragen gestellt, was den Kanzler in Rage versetzte.

Kein Wunder, dass manche sagen, Bruno Kreisky sei schon grantig zur Welt gekommen. Er habe seinen Grant eingesetzt wie andere Leute Messer und Gabel. Dabei habe Kreiskys Grant durchaus lustige und unterhaltsame Züge aufgewiesen. Hier wird er zur philosophischen Lebenshaltung, die durchaus politisch wirksam sein kann. Auch wenn die österreichische Sozialdemokratie schon seit ihrer Gründung wenig revolutionär gesinnt, sondern eher staatstragend war, konnte sie unter Kreisky in der Alleinregierung immerhin zahlreiche gesellschaftspolitische Reformen durchsetzen. Grant ist also durchaus eine politische Waffe.

Herbert Wehner – kein Baier, sondern ein gebürtiger Dresdner – war berüchtigt für seine Grant-Attacken auf politische Gegner: »Sie Übelkrähe«, sagte der Sozialdemokrat 1970 in einer Bundestagsdebatte zu einem CDU-Abgeordneten namens Jürgen Wohlrabe. Und seinem Parteikollegen Willy Brandt, dem er einst mit zur Macht verholfen hatte, giftete Wehner im Sommer 1973 aus einem Nachrichtenmagazin entgegen: »Der Kanzler badet gern lau – so in einem Schaumbad.« Und weiter: »Was der Regierung fehlt, ist ein Kopf.«

Willy ›der Grant‹ Brandt freilich war auch nicht faul und schoss deftig zurück, indem er Wehner die Zurechnungsfähigkeit absprach und in dessen tiefster Wunde bohrte. In dem Exkommunisten Wehner sei wohl die »Romantik der Jugendzeit« wieder durchgebrochen.

Der Unterhaltungswert solcher Veranstaltungen war meist hoch; zumindest verglichen mit den öden Polit-Ausflüssen unserer allabendlichen Fernseh-Talk-Drüsen. Die lösen bei cholerischen Polit-Grantlern höchstens wegen ihrer Eintönigkeit und Belanglosigkeit gelben Gallenfluss aus. »Abschalten«, mault da der gesundheitsbewusste Grantler leise: »Ohne Jauch geht's auch.«

Aber ohne Grant eben nicht. Und so fehlt manchem der vielleicht größte Grant-Darsteller, den die Bundesrepublik Deutschland je hatte: Franz Josef Strauß. Nicht dass jeder die politischen Meinungen dieser fleischgewordenen Schnittstelle aus humanistischer Bildung, Hetzrede und Hendlfriedhof immer geteilt hätte. Nein, gewiss nicht. Aber der Unterhaltungswert seiner bildhaften Sprache – das muss jeder zugeben, egal wo er politisch steht – war enorm hoch. Etwa wenn Strauß über die Liberalsozialisten sagte: »Eher legt sich ein Hund einen Salamivorrat an, als dass die eine einmal eingeführte Steuer wieder abschaffen.« Oder über die SPD: »Irren ist menschlich, aber immer irren ist sozialdemokratisch.« Da tobte das Zelt und die Passauer Nibelungenhalle wackelte. Denn für Strauß war fast immer Wahlkampf: »Sagen Sie den Menschen, dass diesmal um unser Schicksal gewürfelt wird. Sagen Sie ihnen, dass sich keiner mehr dem Wellenschlag der Politik entziehen kann. Es gibt kein Glück im stillen Winkel mehr. Sagen Sie es den Verschlafenen, Verdrossenen, Saumseligen, Lätscherten und Lapperten in diesem Lande.«

Grantologisch betrachtet war Strauß ein Naturtalent. Wie keinem Zweiten gelang es dem CSU-Grant-Master, das politische Minimax-Prinzip umzusetzen. Maximales rhetorisches Staubaufwirbeln bei minimaler tatsächlicher Veränderung von Wirklichkeit. Dem Grant sei Dank. Dem nämlich war das Credo quia absurdum – lateinisch für »Ich glaube, weil es unvernünftig ist« – der Strauß-Wähler größtenteils geschuldet. Schließlich polterte keiner schöner als der große Vorsitzende, auch wenn die Botschaften manchmal widersinnig wirkten: »Konservativ heißt nicht nach hinten blicken, konservativ heißt an der Spitze des Fortschritts marschieren.« Gemäß dem Motto »Vorne ist immer da, wo ich gerade stehe.«

Der Grant als politisches Theater machte vieles möglich. Wenn der begnadete Grant-Darsteller Strauß auf die Bühnen der Republik stieg, fand er nicht nur beim politischen Aschermittwoch in Passau dankbare Zuhörer. Der ehemalige bayerische Kultusminister Hans Maier, ein feinsinniger und humanistisch gebildeter Mann, schreibt in seinen Erinnerungen *Böse Jahre, gute Jahre*, dass er Strauß vieles zu verzeihen bereit war, wenn er ihn im Originalton reden hörte. Denn »Strauß spielte Ball mit den Worten«. Er erfreute sein Publikum nicht nur durch »Bildhaftigkeit und Witz, barocke Deftigkeit und Volksnähe – er mutete ihm auch schwierige Darlegungen, differenzierte Gedankengänge, weit ausholende historische Analysen zu«.

Aber wehe, wenn Strauß seine Wutausbrüche bekam, wenn ihn der Grant ritt. »Dann konnte sich der hochbegabte Mann in Sekundenschnelle in ein zuckendes Bündel von Wut und Aggressivität verwandeln. Dann konnte seine Ratio für Momente regelrecht aussetzen. Bischof Kunst, der Bevollmächtigte des Rates der EKD am Sitz der Bundesregierung, mir wohlbekannt seit Jahren, erzählte eines Tages, wie er Strauß in der Kuba-Krise 1962 in Bonn handlungsunfähig in einem Gebüsch liegen sah. Das habe ihn von einem Moment zum andern von einem Strauß-Fan zu einem Strauß-Gegner werden lassen: ›Ich wusste plötzlich: dieser Mann darf nicht Bundeskanzler werden.‹«

Der Grant ist ein zweischneidiges Schwert. Seine Kehrseite hat zerstörerische und selbstzerstörerische Qualitäten. Gerade in Baiern weiß man das recht gut, weil dort die ›Gachgiftigen‹, also die Jähzornigen, besonders weit verbreitet sind. Grundsätzlich sind das ganz vernünftige Leute, die jedoch plötzlich vom Grant gepackt werden und ›an Gachn kriang‹, wie man im Österreichischen sagt. Vermutlich sind das Überbleibsel unserer keltischen Vorfahren. Der Münchner Historiker Karl Bosl hat die Bayern jedenfalls als ein »keltisch bestimmtes Mischvolk« beschrieben, und der österreichische Bundeskanzler Bruno Kreisky nannte seine Landsleute Nachkommen der Kelten. Die wiederum hat der römische Historiker Ammianus Marcellinus im vierten Jahrhundert nach Christus als »wild aussehend, streitsüchtig und aufbrausend« beschrieben. Das würde ja ganz gut passen. Aber Grant-Gebeutelte gibt es natürlich überall – zumindest dort, wo der Blues des Südens daheim ist. Und das kann in vielen Gegenden der Welt sein. Oder wie sagte einst Franz Josef Strauß anlässlich einer USA-Reise, kurz bevor man ihm einen Cowboyhut auf den Kopf gesetzt hat: »You know I am coming from a southern State in Germany. And I think we Southerners must stick together.«

In Zeiten eines Franz Josef Strauß hat man den Begriff »Liberalitas Bavariae« noch etwas freier übersetzt, nämlich ungefähr dahingehend, dass »bei uns ein jeder das Recht hat, sich der Meinung der Mehrheit und ihrer Partei, also der CSU, anzuschließen«. Gemäß dem demokratietheoretischen Grundsatz »Mia san de mehran, mia san de schweran«, riet man allen anderen, lieber »rüber« zu gehen, in jedem Fall aber auf'd Seiten, bevor am End' noch einer »dadruckt« wird. Eine Opposition nämlich, die ohnehin nur aus politischen Leichtgewichten bestehen könne und daher nicht der Rede wert sei, bräuchten wir in Bayern nicht. So was macht sich die bayerische Staatsregierung zur Not immer noch selbst.

Es handelte sich also quasi um ein grantologisches Perpetuum mobile. Der politische Grant aller Einzel-Bayern wurde angefacht, gesammelt, komprimiert und durch elektorale Entladung in parlamentarische Energie für die CSU umgesetzt, die damit wiederum so lange Staub aufwirbelte und über die anderen, die da oben in Bonn/Berlin und überhaupt, schimpfte, bis im Einzel-Bayern schön langsam wieder politischer Grant aufstieg, der dann verdichtet wurde und … so weiter. Der CSU gelang also das Kunststück, jenem weiß-blauen Grant eine Stimme zu geben, den es ohne die CSU gar nicht gegeben hätte.

Entscheidend für das Funktionieren dieser Polit-Maschine war ein stets gut geöltes Räderwerk und – ein wacher Steuermann. »Ich fühle mich nicht erst seit meinem Besuch in Peking wie Mao«, sagte ganz in diesem Sinne der große Vorsitzende Franz Josef Strauß: »Eine Partei muss immer in Bewegung gehalten werden, sonst stirbt sie an Verfettung.«

Aber all das ist lange her, Bayern ist längst anders geworden. Die CSU kämpft bei Wahlen jetzt mit dem X, und zwar unterhalb, nicht mehr über der 50-Prozent-Marke. Im September 2009 hatte sie gar ›nur‹ 42,5 Prozent der Stimmen bekommen. Fast normale demokratische Zustände also, könnte man meinen, und doch herrschte bei den christlich-sozialen Granden großer Grant und Ratlosigkeit, weil sie das schlechteste Bundestagswahlergebnis seit 1949 eingefahren hatten. »Warum liebt uns das Volk nicht mehr, wo wir doch Bayern quasi erfunden haben?«

Das war die zentrale Frage. Und die Antwort? Bei der Ursachenforschung zur Identitätskrise ist man sicherlich auf vieles gekommen: von den Milliardenverlusten der Bayerischen Landesbank bis zu den Mehrwertsteuergeschenken für Hoteliers. Man hat gewiss auch darüber diskutiert, ob es sinnvoll war, »Stolz auf Bayern« zu plakatieren, um dann das Bayerische Oberste Gericht abzuschaffen oder den einzigen Lehrstuhl für bayerische Literaturgeschichte. Aber in der öffentlichen Debatte zeigt man dann doch lieber auf die anderen: Freiheit für Bayerns Geldbeutel. Weg mit dem Länderfinanzausgleich. Denn der Freistaat habe schließlich schon 25 Milliarden Euro eingezahlt, aber nur drei Milliarden bekommen. Es war also der bayerische Spar-Grant, der der CSU aus der Krise helfen sollte. Dabei hatte der die Krise bei vielen bayerischen Bürgern erst ausgelöst. Denn Liberalitas Bavariae, die steht nicht nur für die traditionell freiheitliche und tolerante Gesinnung des bairischen Stammes, sondern auch für seine Freigiebigkeit: »Leben und leben lassen« als oberstes bairisches Grundgesetz.

Da mutete es doch recht unbarock und unbairisch an, dass ein augenscheinlich eher preußisch-protestantisch daherkommender Sparkommissar aus Wolfratshausen, der sich beim politischen Aschermittwoch noch dazu Kamillentee in den Maßkrug füllen ließ, immer und überall den Rotstift ansetzte; vorzugsweise natürlich bei den anderen, sprich: den bayerischen Bürgern. Bei sich selbst sparte Edmund Stoiber eher ungern, schon gleich gar nicht, wenn auf seinem 70. Geburtstag zahlreich erschienene (Polit-)Promis den Jubilar und sich selbst feiern durften. An solchen Tagen sollte die Society gelegentlich Tram fahren, um zu hören, was die Leute wirklich über sie denken. Keiner käme mehr auf die Idee zu sagen, es gebe keinen Grant im Land.

Ob es allein an solchen politischen Instinktlosigkeiten liegt, dass heute in Bayern parlamentarische Mehrheiten ohne die CSU realistisch denkbar sind? Oder an der Arroganz der Macht? Oder daran, dass nur noch der kongeniale Strauß-Imitator und Kabarettist Helmut Schleich das alte Nibelungenhallen-Grant-Gefühl bei CSUlern und Nicht-CSUlern wachrufen kann? Wahrscheinlich ist es eine Mischung aus allem. Jedenfalls wandelt sich vieles. Sogar in traditionell katholischen CSU-Hochburgen, wo einst ältere Herren in rauchgeschwängerten Hinterzimmern ihrer Spezlwirtschaften vor einer Halbe Bier sitzend die Belange der Kommune auskungelten. Heute macht dort ein 26-jähriger Sozialdemokrat das Rennen, wenn es darum geht, im Landkreis Regen den jüngsten Landrat Deutschlands zu wählen. Aber nicht genug, dass dieser Mann jung und ein Sozi ist. Er ist auch noch protestantisch und bekennend schwul. Sage also nie wieder jemand, Bayern sei kein weltoffenenes und tolerantes Land. Der Grant auf das Establishment kann sogar Berge versetzen.

Ist der Grant deshalb schon links? Nicht zwingend, gute Argumente dafür gibt es allerdings schon. Das wohl beste lautet: Grant ist links, weil die Linken ihn am allernötigsten haben. Vor allem im reichen Bayern, wo es ja immer nur weiß-blau und heiter-wohlhabend zugeht. Darüber kann sogar der brave Herr Hirnbeiss, der Vorzeige-Grantler aus der Boulevardzeitung, nur müde lächeln. Er stülpt seine leeren Hosentaschen nach außen und bemerkt ironisch: »Mei, san mia Münchner reich…!« Wahrscheinlich hat Hirnbeiss gerade den Jahresbericht zur sozialen Lage in Bayern gelesen, in dem es heißt: »Die Rentner im Freistaat werden immer ärmer.« Während die Gier in der politischen Klasse immer größer zu werden scheint. Hier noch ein Urlaub, dort noch ein zinsgünstiges Darlehen fürs Eigenheim – die superreichen Freunde zahlen es schon. Selbstverständlich immer ohne Gegenleistung. Und die Wahrheit? Kommt zwar meistens raus. Allerdings nur scheibchenweise. Und schon nach dem dritten Scheibchen springt ein Parteikollege zu Hilfe und fordert entrüstet, die unwürdige Debatte unverzüglich einzustellen – aus Respekt vor dem Amt. Und gerade, als so ein Grantler nachfragen will, wie sich der Respekt vor dem Amt mit dem zinsgünstigen ... da wird schon die nächste Sau durchs Dorf getrieben.

Viele gute Gründe also für einen ›linken‹ Grant, der so gar nichts zu tun hat mit den weiß-blauen, kreuzbraven und nie ganz dialektsicheren Baiern-Kitsch-Stückerln, die neben dem ganzen Mia-san-mia-Gemütlichkeitsblödsinn natürlich auch immer einen alten Grantler brauchen. Wir kennen es zur Genüge aus schlechtem Bauerntheater und seichter Abendunterhaltung. Aber »Dahoam is ned dahoam«, singt der Grant-Poet Georg Ringsgwandl völlig zu Recht und regt sich auf über verlogene Lüftlmaler-Kulissenschieberei.

Jenseits von Heimatkitsch und CSU-Tamtam war auch der Bayer Jörg Hube ein großer Grant-Darsteller. Die Wochenzeitung *Der Freitag* würdigt den einzigen Auftritt des großen Schauspielers Hube als Polizeiruf-Kommissar mit den Worten: »Die grantigsten Bayern waren und sind meistens die Linken, denn die haben ausreichend Grund dazu, die Aufrichtigkeit, die der Grant eigentlich meint, beim Wort zu nehmen.«

Mein Kopf ist eine Bombe hieß die Ausstellung im Münchner Literaturarchiv Monacensia, die Leben und Schaffen des 2009 verstorbenen Schauspielers, Regisseurs und Kabarettisten Jörg Hube darstellte. Hubes Grant war ein linker und anarchischer Grant, von Herzen kommend und Klartext redend, unangepasst und unkonventionell. Er war ein bayerischer Don Quijote in rostiger Rüstung, ein Revoluzzer gegen festgefressene Strukturen, ein Zweifler und Moralist, ein zeitgemäßer Grantler, fernab aller Seppl-Klischees. Noch ist Baiern nicht verloren – zumindest, solange es solche Grantler hervorbringt wie etwa Jörg Hube, Carl Amery, Gerhart Polt oder die Biermösl Blosn, um nur ein paar zu nennen.

Natürlich gab und gibt es auch unter politisch Konservativen immer wieder welche, die die große Kunst des Grants beherrschen und sich nicht lächelnd durch alle Dick- und Dünndärme ihrer Vorgesetzten hinaufwinden müssen. Ludwig Volkholz war so einer. Über seine politischen Ansichten kann man geteilter Meinung sein, sein Grant aber verdient Anerkennung. »Wenn wir uns streiten, dann gleich gscheid«, hat Ludwig Volkholz gesagt, nachdem er im bayerischen Landtag mit einem Kollegen fast eine Rauferei begonnen hatte. Es klingt wie sein Lebensmotto, denn der ›Jagerwiggerl‹, wie er wegen seiner Leidenschaft für die Pirsch auch genannt wurde, war ein sehr streitbarer Mensch. »Jäh und unbeherrscht, rebellisch und originell bis an die Grenze der Lächerlichkeit«, so hat ihn nach seinem Tod im Mai 1994 ein Hamburger Nachrichtenmagazin bezeichnet. Jedenfalls kein aalglatter Politfunktionär, eher einer, der im Wirtshaus spontan das Wort ergreift, um zwei Stunden lang zu reden, wie ihm der Schnabel gewachsen ist. Gegen die da oben in München, gegen Bürokraten und Behörden, und vor allem gegen die von der CSU. Denn das waren die Intimfeinde vom Jagerwiggerl. Und sie blieben es zeit seines Lebens. Ludwig Volkholz, der sich lange Zeit in der Bayernpartei und später auch in der FDP engagierte, war ein Freund der klaren Worte. Die brachten ihn oft genug in Schwierigkeiten, ja sogar ins Gefängnis. Eine zutiefst bairische Figur also, mit einem Hang zum Tumultuarischen und zum Auftrumpfen. Als Lokalheld und König des Bayerwaldes war er immer nur sich und seinem streitbaren Verständnis von Demokratie – also seinem politischen Grant – treu geblieben.

Kleine Anleitung zum Banken-Grant

Für einen Grantler kann es keinen Zweifel geben: Die größten Gauner aller Zeiten sind die Bankster. Das hat Bert Brecht schon gewusst; heute weiß es jeder Schulbub. Ein Bankster ist ein Spekulant, der zum Beispiel vom Zusammenbruch ganzer Volkswirtschaften profitiert oder auf höhere Preise für Grundnahrungsmittel setzt und Gewinne macht, weil andere Menschen hungern. Hunger aber macht bekanntlich grantig, und zwar nicht nur die Hungernden selbst. Deshalb würde ein ordentlicher Grantler lieber mit einem Dutzend Leprakranker zu einer Fingerfood-Party gehen als mit so einem Investmentbanker auf ein Galadiner – selbstverständlich veranstaltet zugunsten der Hungernden der Welt. Nein, da würde er nicht hingehen. Er ist nämlich der festen Überzeugung, dass Hungerspekulanten nicht ans kalte Büffet, sondern vor ein UN-Friedensverbrechertribunal gehören.

Grant ist wunderbar geeignet als Mittel für eine gepflegte Kapitalismuskritik. Deshalb folgt an dieser Stelle eine kleine Anleitung zum zivilisierten Banken-Grant. Teilnehmen kann daran übrigens jeder, der nicht der Meinung ist, dass 15 Prozent Zinsen bei überzogenem Dispo in einem gerechten und ausgewogenen Verhältnis zu 0,3 Prozent Zinsen bei einem Dispo-Guthaben stehen. Dieses Abzockerbeispiel ist freilich nur der geringste Anlass, sich über die Machenschaften der Finanzwelt aufzuregen.

Beginnen wir also mit der Einführung in die Kunst des Banken-Grants. Meditieren Sie zunächst täglich fünf Minuten über den Leitsatz: »Banken sind Gauner.« Steigern Sie dieses Mantra auf 50-mal pro Tag. Wem das zu viel ist, der variiere es mit dem Zusatz »Versicherungen auch«. Also mindestens 25-mal täglich: »Banken sind Gauner. Versicherungen auch.«

Jetzt warten Sie geduldig, bis der Anruf kommt. Es wird bestimmt nicht lange dauern, zumindest, wenn Sie noch das Schwarze unter den Fingernägeln Ihr Eigen nennen können. Eines Tages also klingelt es: »Guten Tag, mein Name ist XY von Ihrer Z-Bank. Ich würde Ihnen gern die neuesten Finanzprodukte unseres Hauses vorstellen.«

Wenn Sie Ihre Meditation gewissenhaft praktiziert haben, wird Ihnen vermutlich sofort der Satz ins Gehirn schießen: »Geh arbeiten, du Arsch, und verzock nicht anderer Leute sauer verdientes Geld.« Aber das werden Sie natürlich so nicht sagen, schließlich üben wir uns ja in zivilisiertem Grant. Sie werden also höflich bleiben und interessiert nachfragen: »Ach, Finanzprodukte? Wie interessant. Ja, weiß denn Ihre Frau Mama, was Sie da tagsüber so treiben?«

Vermutlich wird der sogenannte Berater leicht irritiert mit einem erzwungenen Lacher reagieren. Das ist Ihre Chance zur Grant-Offensive. »Junger Freund, haben Sie schon mal über eine Umschulung nachgedacht? Es ist nie zu spät für ein anständiges Leben.«

Bevor Ihr Gegenüber also sein strukturiertes Anlageprodukt durch den Telefonhörer pressen kann und anfängt, vom Vorteil für Kleinanleger zu labern oder von hohen Gewinnmargen und steuerlichen Vorteilen zu schwärmen, werden Sie ihm Ihr innovatives und strukturiertes Grant-Produkt entgegenschleudern. Zum Beispiel mit dem Satz: »Kennen Sie schon das Resozialisierungsprogramm für Bankster und Börsianer? Nein? Es trägt den Titel: ›Rettet den Polarkreis. Pack ins Eis.‹ Mit diesem dreistufigen Bildungspaket samt staatlich zertifiziertem Umschulungsprogramm für Börsenspekulanten und Bankdrückerkolonnen werden Sie in kürzester Zeit zu einem qualifizierten Mitarbeiter im zukunftsträchtigen Bereich Winterdienstleistungen. Die Schneeschaufeln werden gestellt. Eine absolute Win-win-Situation für alle Beteiligten. Darf ich Ihnen denn ein wenig Infomaterial zukommen lassen?«

Vermutlich wird das Schweigen am anderen Ende der Leitung jetzt eindringlicher. Quasi hörbar. Also nichts wie ran an den Finanzdienstleister: »Haben Sie schon mal bedacht, dass der nördliche Polarkreis 15.996,3 Kilometer lang ist. Wunderbare Gegenden: Alaska, Grönland, Finnland, Norwegen. Und absolut schneesicher. Hier setzt unser strukturiertes Produkt zur Umschulung von Spekulanten an. Stellen Sie sich vor: alle fünf Meter ein Banker mit Schneeschaufel – macht zwei Millionen neue Jobs. Was für eine sozialverträgliche Investition in die Zukunft.«

Wenn Sie Ihre Grant-Lektion richtig gelernt und gut umgesetzt haben, dürften Sie in den nächsten paar Jahren keine Finanzberateranrufe mehr zu erwarten haben. So gesehen ist Grant immer auch angewandte Lebenshilfe. Wobei an dieser Stelle natürlich klargestellt werden muss, dass kein vernünftiger Grantler jemals ernsthaft auf die Idee käme, Menschen an den Polarkreis zu schicken – schon den Eisbären zuliebe nicht. Auch keine Bankster. Oder »windige Managerbürscherl«, wie eine gestandene mittelständische Unternehmerin aus dem Niederbairischen zu sagen pflegt, wenn sie vom Grant gebeutelt über sogenannte Vorstandschefs spricht, die sich neuerdings als Weltenlenker gerieren.

Nein, keine Angst, natürlich schickt der Grant niemanden an den Polarkreis. Denn er hat aus Prinzip etwas gegen politische Systeme, die Leute zum Schneeschaufeln ins Eis schicken. Das hatten wir schon mal, und es waren denkbar schlechte Zeiten –

auch für den Grant selbst. Nicht zuletzt in Deutschland muss man heilfroh sein, dass keine Gestapo oder Stasi vor der Tür steht, wenn es nach zehn Uhr abends klingelt. Der Grant ist also vielmehr eine poetische Auslegung der Wut, die in denkenden Menschen gelegentlich aufkocht.

Deshalb wird sich der Grant auch nicht beteiligen an irgendwelchen Verschwörungstheorien, wird nicht mitmachen beim Griechen-Bashing oder anderen Sündenbockjagden, selbst wenn das manch einem aus der schuldenmachenden Politikerkaste gerade recht käme, nach dem uralten Motto »Haltet den Dieb«.

Wird er sich also doch wieder in sein Schicksal fügen, der Grantler, und weiterhin brav Steuern zahlen, um Banken zu retten? Wird er auch künftig die Aufschrift ›Volldepp‹ auf seiner Stirn tragen und sich den ganzen Krampf über Euro-Rettungsschirme, Kreditklemmen, Systemrelevanzen, Ratingagenturen und Schuldenschnitte anhören? Wird er es sich bieten lassen, dass in einem reichen Land kein Geld für Bildung da ist, in Pflegeheimen menschenunwürdige Bedingungen herrschen, Kinder vernachlässigt, Migranten diskriminiert werden – diese Kritik an Deutschlands Sozialpolitik stammt von den Vereinten Nationen –, während andere sich die Taschen vollstopfen und bis in die höchsten Ämter hinein irgendwelche Schnäppchenjäger mitnehmen und abgreifen, was nur geht?

Vielleicht wird er es sich bieten lassen. Vielleicht aber auch nicht. Mag sein, dass er sich wehmütig an jene Zeit erinnert, als noch nicht 24 Stunden täglich die Börsenkurse heruntergebetet wurden wie Wasserstandsmeldungen im Überschwemmungsgebiet; er wird sich fragen, warum das heute so ist, obwohl doch nur jeder zwanzigste Bürger in Deutschland Aktien besitzt und alle anderen einer anständigen Arbeit nachgehen. Er wird sich fragen, warum die allerletzten Lebensbereiche durchökonomisiert sind; und vielleicht wird er bei jenem alten vollbärtigen Grant-Master aus Trier nachlesen, um zu verstehen, wie sich die Dinge im Kapitalismus wirklich zueinander verhalten.

Der Grantler wird nur milde lächeln, wenn sie ihm in Sonntagsreden wieder einmal versprechen, dass der Raubtierkapitalismus gebändigt werden soll; oder wenn sie in ihren Weihnachtsansprachen wieder einmal treuherzig dreinblickend davon reden, dass die Gier und die Dummheit überwunden werden müssen, damit ein besserer und vernünftiger Kapitalismus geschaffen wird. Er wird gähnen, sein Fernsehgerät abschalten und sich selbst überlegen, wie wieder mehr Demokratie ins Land kommt, und er wird sich vielleicht Volksabstimmungen wünschen. Denn er zweifelt daran, dass bei uns heute die schöne, einfache Definition der alten Griechen noch gilt: Nämlich dass Demokratie jene politische Ordnung ist, in der die Angelegenheiten im Interesse der Mehrheit geregelt werden. Und nicht im Interesse weniger.

Dann macht er sich eine Halbe Bier auf und setzt sich aufs Kanapee, um ihn hinunterzuspülen, seinen Grant. Und melancholisch geworden, wird er sich fragen, warum es immer die Falschen erwischen muss. Er wird vielleicht an den viel zu früh verstorbenen Landwirt und Schmied Sepp Daxenberger denken, der als erster Grüner in ein bayerisches Rathaus einzog, und später auch in den Landtag, wo er vom Landtagspräsidenten einmal gerügt wurde, weil er immer so aussehe, als käme er gerade aus dem Kuhstall. Worauf jener Sepp Daxenberger mit wohldosiertem bairischen Grant antwortete: »Mir san die Leut' lieber, die ausschauen, als kommen sie frisch aus dem Stall als frisch vom Versicherungsbetrug.« Recht hat er.

Grant und Widerstand

Anarchischer Grant kann manchmal lustige Formen annehmen. Der Münchner Dichter Eugen Roth (1895–1976) berichtet in seinen *Erinnerungen eines Vergesslichen* über den schlagfertigen und gelegentlich etwas derben bairischen Schriftsteller Georg Queri (1879–1919), der sein Geld zeitweise als Journalist verdiente und oft tagelang keinen Pfennig in der Tasche hatte, bis dann endlich wieder ein Honorar hereinkam. Eines Morgens hörte Queri in aller Herrgottsfrühe die ihm wohlbekannten Schritte des Gerichtsvollziehers. Ausnahmsweise mal flüssig, suchte er schnell ein Versteck für seine Münzen. »So schlau war der Girgl auch, dass die vermeintlich sichersten Verstecke die sind, die just ein erfahrener Vollstreckungssekretär mit seinem sechsten Sinn sofort findet«, schreibt Eugen Roth. »Er warf also die Goldstücke in den Nachttopf und bedeckte sie in aller Eile mit jenem Eigenerzeugnis, das man erst in unsern Tagen frei weg aus dem Munde edler Damen mit Namen nennen hören oder in besten Büchern gedruckt lesen kann.«

Der Gerichtsvollzieher schnüffelte durchs Dichterzimmer, fand aber nichts, was zu pfänden sich gelohnt hätte. Verdrossen ging er zur Tür, als ihm Queri übermütig und voller Schadenfreude noch den Topf unter die Nase hielt: »Wollen S' vielleicht auch da noch nachschauen?« Nein, der Beamte wollte lieber nicht, er verzog sich. Queris spitzbübischer Grant war ausnahmsweise stärker als die Staatsmacht, sein Widerstand gegen obrigkeitlichen Zugriff zumindest diesmal von Erfolg gekrönt.

Das ist eher selten, denn Grantler sind in der Regel machtlos und gehören zu den Verlierern der Geschichte. »Ein wahrer, echter, wirklicher Grantler hat keine Macht«, schreibt der bayerische Schriftsteller und Regisseur Joseph Berlinger. »Er ist weder Herr noch Hofnarr.«

Und deshalb ist er unabhängig in seinem Urteil. Er grantelt, wo immer sich eine Gelegenheit bietet. »Jetzt langt's, I mog nimmer«, schimpft der Grantler und kommentiert auf diese Weise einmal mehr die morgendlichen Zeitungsmeldungen oder die Abendnachrichten. Denn er hat sie wieder einmal gründlich satt, die Welt mit ihren Widerwärtigkeiten und hausgemachten Katastrophen; ihren Kriegen und Massakern, Skandalen und Korruptionsaffären, Umwelt- und Finanzkrisen, den steigenden Preisen und Mieten, den niedrigen Löhnen, der Gier der Banker und der Armut der Rentner und und und. Der Grantler hat die Schnauze gestrichen voll. Und jetzt? Revolution?

Halt. Ganz so schnell geht es dann doch wieder nicht, vor allem nicht im Grant-Land Bayern/Österreich. In der Regel reicht es in diesen Weltgegenden nämlich höchstens für ein ›Revolutionderl‹, also ein ›Revolutiönchen‹. Das wusste schon der große Johann Nestroy. In seiner politischen Komödie *Freiheit in Krähwinkel* zeigt der aus einer Wiener Bürgerfamilie stammende Schauspieler und Dramatiker, der selbst ein engagierter Anhänger der 1848er Revolution war, dass es mit dem revolutionären Elan seiner Landsleute nicht allzu weit her ist. Die Reaktion hat ein leichtes Spiel mit den Krähwinklern: »Man muss sie austoben lassen. Is der Raptus vorbei, dann werd'n's dasig, und wir fangen's mit der Hand.«

Das theatralische, breitschultrige Aufbegehren jener wilden Stämme aus dem Alpenraum erweist sich häufig als ein Sturm im Wasserglas. Das Austobenlassen, von dem Nestroy spricht, ist oft nichts anderes als der Grant, der wie ein Blitzableiter funktioniert. Das Ergebnis ist dann eine Art Widerstand light. Mürrisch, zänkisch, boshaft, manchmal hinterfotzig, mitunter auch spöttisch kann er sein, dieser Widerstand. Aber selten ist er ein offener. In Zeiten von Despoten und Spitzeln waren es die Couplets eines Ferdinand Raimund oder eines Johann Nestroy, die mit verdeckten, hinterlistigen Parodien und Wortverdrehungen an den allmächtigen Zensoren vorbeispotteten, um dem eigenen Herzen Luft zu machen. Grant als Kritik der bestehenden Verhältnisse.

Nestroy war aber nicht nur ein scharfer Kritiker seiner Zeit, der einige Male sogar eingesperrt wurde. Er war auch ein grantelnder Philosoph, der nicht allzu viel Vertrauen in die Masse hatte. Mit derbem, augenzwinkerndem Humor und viel Realismus macht er deutlich, dass mit größeren gesellschaftlichen Veränderungen wohl nicht zu rechnen sei: »Ich glaub von jedem Menschen das Schlechteste, selbst von mir, und ich hab mich noch selten getäuscht.« Ein echter Grantler, dieser Nestroy.

Aber soll das nun heißen, dass der Grant niemals zum Widerstand fähig ist? Keinesfalls. Etymologisch zumindest ist der Bezug einfach herzustellen. Verfolgt man nämlich die Wurzeln des Grants bis hinunter ins Dickicht des Mittelhochdeutschen, stößt man auf einen Bedeutungsstrang, der direkt zu Widerstand und Rebellion führt. ›Grant werre‹ oder ›Krantwerre‹ war einst gleichbedeutend mit großer Verwirrung, Zwietracht, Streitigkeit, Aufruhr, Streit und Krieg. Kurzum mit militantem Widerstand.

Das klingt nach Stuttgart 21 und schwäbischen Wutbürgern, hat aber nichts damit zu tun, denn der Grantler ist alles andere als ein Wutbürger, dem es nie nur um einen Bahnhof geht, sondern immer gleich um die Welt im Großen und Ganzen und um ihre Verbesserung, notfalls bis zum bitteren Ende, wie auf den Transparenten der Stuttgart-21-Gegner gelegentlich zu lesen war. Eine Haltung, die dem Grantler völlig fremd ist. Dafür ist er viel zu melancholisch, pessimistisch, fatalistisch. Die Welt, sagt der Grantler, kann und muss nicht verbessert werden. Sie ist, wie sie ist. Und sie bleibt, wie sie immer war. Nämlich im Grunde gar nicht so schlecht – zumindest in Baiern nicht. Und die Menschen? Eigentlich auch in Ordnung, wenn nur die Leut' nicht wären, denn die sind bekanntlich unverbesserlich. Was also, bitte schön, sollte dann eigentlich verbessert werden? Und vor allem: Wer sollte das tun?

»Ganz ehrlich«, sagt der Grantler mahnend: »Schauen Sie sich doch einfach mal um. Auf der Autobahn. An der Supermarktkasse. Am Skilift. Am kalten Buffet. Möchten Sie mit diesen Leuten wirklich eine Revolution machen? Eben. Der liebe Gott möge uns davor behüten.«

Schon der Schriftsteller Carl Amery hat in seinem Buch *Leb wohl geliebtes Volk der Bayern* darauf hingewiesen, dass es Weltverbesserer im positiven wie im negativen Sinn in Bayern schwerer haben als anderswo. Für Amery lag hierin übrigens der »grundlegende Unterschied zu den Alemannen. Nirgends in Deutschland gibt es mehr Chiliasten, mehr Weltverbesserer als dort.«

Nur im äußersten Notfall, dann allerdings auch nur eher ungern, wird der Baier rebellisch. Wie damals im November 1918. Oskar Maria Graf hat darüber ausführlich berichtet, unter anderem auch die Anekdote von jenem Münchner Dreher, der auf die Frage, was er von einer Revolution halte, nur zögerlich antwortete, und zwar ganz im Stil vollendeten Grants: »Also dann – machma halt Revolution, damit a Ruah is.« In diesem Satz steckt viel Skepsis und letzten Endes auch ein Schuss Pessimismus, mit dem der Dreher zu verstehen gibt, dass es ihm nicht um hehre Ideale oder um eine perfekte Welt geht, sondern darum, schlimmere Bedrohungen der real existierenden abzuwehren. In solchen historischen Situationen werden dann auch niederbayerische Bauern gelegentlich radikal und unterstützen – wie 1918 unter der Leitung der Gebrüder Gandorfer – die Revolution.

Wieder war es Carl Amery, der darauf hingewiesen hat, dass es der älteste Revolutionsbegriff ist, der in bairischen Gefilden vorzugsweise zum Ausdruck kommt. In der ursprünglichsten Bedeutung des Wortes ist Revolution nämlich ein Zurückwälzen, ein Zurückkehren zu den unverdorbenen Ursprüngen. Konkrete Anlässe, die den Grant in mehr oder weniger offenen Widerstand umschlagen lassen, gab und gibt es jedenfalls immer wieder. Zum Beispiel im Sommer 1941, als ein Gast das oberbayerische Dorf Taufkirchen im Landkreis Mühldorf am Inn besuchte und den Pfarrer Schmitter auf der Straße mit »Heil Hitler« begrüßte. Der Geistliche antwortete lapidar: »Am Arsch leckst mich!« Des Pfarrers Grant als Widerstand gegen die braunen Ideologen und ihren deutschen Gruß blieb natürlich nicht folgenlos; der Geistliche kam in Gestapoarrest.

Selbst wenn es nicht mehr ganz so dramatisch zugeht wie einst in Taufkirchen: Grant kann auch heutzutage noch widerständige Formen annehmen. Etwa wenn sich die Obermenzinger Trachtler vom Heimat- und Volkstrachtenverein ›D'Würmtaler‹ gegen unsinnige bürokratische Auflagen des Kreisverwaltungsreferats der Landeshauptstadt München wehren, indem sie ihre Brauchtumsveranstaltung kurzerhand in einen friedlichen Sternmarsch mit 400 Teilnehmern verwandeln und als Demonstration »Für den Erhalt bairischer Lebensart« und »Für gebührenfreie Brauchtumsveranstaltungen« anmelden. An solch sonnigen Sommertagen läuft der Grant zu Hochform auf und mutiert in wunderbarer Weise zu jenem typisch bairischen Widerstand, wie wir ihn lieben: schlitzohrig, anarchisch und saufrech.

Dabei sind es nicht immer nur die Kämpfe ums Brauchtum, die den Baiern rebellisch werden lassen. Manchmal geht es auch um lieb gewonnene Ernährungsgewohnheiten. Im März 1960 zum Beispiel, als die Belegschaft der Eisenwerk-Gesellschaft Maximilianshütte in Sulzbach-Rosenberg demonstrierte, weil die Werksleitung ihr das Biertrinken verbieten wollte. Der Generaldirektor der Maxhütte war übrigens Schwabe. Er meinte, nicht nur die Welt, sondern auch den Arbeitsablauf verbessern zu können, indem er den Hochofenarbeitern während der Brotzeit nur noch alkoholfreie Getränke gestattete. Es dauerte nicht lang, da legten die 7500 Arbeiter der Metallhütte geschlossen ihre Arbeit nieder; selbst Kündigungsdrohungen schreckten die streikende Belegschaft nicht. Denn Durst ist schlimmer als Heimweh. Und Grant sturer als Aussperrungen. Erst als in München eine Schlichtungskommission nach zehnstündiger Verhandlung einen Kompromiss aushandelte, beruhigten sich die Arbeiter wieder. Das Bierverbot wurde abgemildert.

Solche Geschichten von Revolution und Bier passen natürlich wunderbar zum Bayern-Klischee – nicht erst seit der Bayerischen Biergartenrevolution von 1995, als der Grant medial instrumentalisiert wurde, um gegen eine juristische Sperrstundenregelung in Biergärten vorzugehen. Nein, natürlich gab es in Bayern – wie übrigens in ganz Deutschland – auch richtige Bierstreiks, Bierkriege oder Bierrevolutionen. 1919 etwa, zu Zeiten der Räterepublik, gehörten fünf Prozent Stammwürze im Bier zu den politischen Kernforderungen des Arbeiter- und Bauernrats Arnstorf in Niederbayern, »weil Bier für Arbeiter ein Nahrungsmittel ist«.

Und bei Nahrungsmitteln hört der Spaß bekanntlich auf, wie man auch im oberbayerischen Dorfen feststellen musste, als 1910 ein Bierkrieg ausbrach, weil die Maß zwei Pfennig teurer werden sollte. Plötzlich gingen die beiden Brauereiwirtschaften in Flammen auf und das Feuer griff auf andere Häuser über. Die Preiserhöhung wurde zwar rasch wieder zurückgenommen, aber da war es schon zu spät. 25 Männer wurden verhaftet und wegen Landfriedensbruch zu Gefängnisstrafen verurteilt.

Freilich, nicht immer geht es ums Bier, wenn dem bairischen Grant etwas zuwider ist. Nehmen wir zum Beispiel Markus Zwicklbauer, einen kreuzbraven Mann aus Fürstenzell bei Passau. Er überweist im Jahr 2011 seine Steuerzahlungen nicht mehr direkt an das Finanzamt, sondern parkt sie auf einem Sperrkonto, um damit gegen die Politik der Bundesregierung zu protestieren. Der 58-Jährige weiß genau, was er da tut, denn er ist von Beruf Steuerberater. Und zwar ein ziemlich grantiger, denn die Interessen der Bürger, sagt Zwicklbauer, würden nicht mehr gewahrt, wenn Milliarden in EU-Pleitestaaten gepumpt werden und dabei nicht einmal bei den bedürftigen Bürgern, etwa Griechenlands, ankommen. »Das war nur eine Umverteilung in den Finanzsektoren, damit die Banken und die Spekulanten ihre Milliarden in Sicherheit bringen. Und das Risiko wurde auf den Steuerzahler abgeladen.«

So wird der Grant zum Aufschrei des mündigen Bürgers, der den Staat nicht einer Handvoll Politikern überlassen will. »Denn wir sind ja keine Leibeigenen der Politik. Wir sind der Staat«, ärgert sich Markus Zwicklbauer, einer von vielen freundlichen Menschen, die alles andere als verbittert oder verbissen dreinblicken, aber gelegentlich von einem grimmigen Grant erfasst werden, wenn ihnen die Politiker das Kraut ausschütten. Zum Beispiel, weil ihnen die Bayerische Staatsregierung eine Autobahn durch das wunderbare, unzersiedelte Isental baut. Oder weil die letzten frei fließenden Kilometer der Donau zubetoniert werden sollen. Oder weil es immer noch höher, schneller und weiter gehen soll, weshalb man unbedingt eine dritte Startbahn am Flughafen München braucht. »Uns hat der Grant gepackt.« Diesen Satz hört man in jüngster Zeit immer öfter in Bayern. Nicht nur von Anliegern.

Wie war das gleich wieder mit der ursprünglichen Bedeutung des Wortes Revolution? Rückwälzen? Zurückkehren? Zu den unverbauten Zuständen? In diesem Sinn mag der bairische Grantler sogar ein Revolutionär sein oder ein Wutbürger. Und man darf froh sein, dass er diesen Grant hat, der eine zivilisatorische Errungenschaft ist. Denn wer grantelt, schießt nicht. Und zündet auch keine Autos an.

Der Emi-Grant: Heimweh, Wut und Trauer

Die Linie 26 hält direkt vor dem Schwabinger Krankenhaus. Ein Mann mit einem verbundenen Arm in der Schlinge kommt heraus und steigt in den Wagen. Der Schaffner mustert ihn einige Augenblicke, dreht sich hinum, dann herum.
»Kemma Sie vielleicht aus'm Schwabinger Krankenhaus ...?«
Der Mann: »Ja ....«
»Drum ... Drum ...«

Wer schon einmal im Schwabinger liegen musste – das bestätigen nicht nur Münchner Grantler – der wird an dieser Stelle wissend nicken und murmeln: »Drum!« Mehr muss man gar nicht sagen. Der Grant als versteckte, angedeutete Kritik an den bestehenden Verhältnissen und Institutionen braucht oft nicht viele Worte. Im Bairischen schon gleich gar nicht. Wortkarg und präzise schildert Oskar Maria Graf die Anekdote von der Linie 26 vor dem Schwabinger Krankenhaus in seinem kleinen Werk *Bayrisches Lesebücherl*. In der Einführung dazu behauptet Graf zu Recht, dass Geist, Logik, Handeln, Denken – dass dies alles in Bayern nur mit dem Zusatz »Bayrisch« zu verstehen sei, weil es eine spezifische »bayrische Gehirnsubstanz« gebe. Und die wiederum mache es für Zugereiste schwer, die Bayern zu verstehen. Der Bayer bleibe für Fremde also zwangsläufig rätselhaft, »weil wir ein Volk sind, das in allem, was es tut, denkt, spricht und lebt, von alters her und aus einem Instinkt, der ebenfalls für einen Un-Einheimischen schwer zu erklären ist, sein Reservatrecht gewahrt hat«. So schreibt es Oskar Maria Graf im Jahr 1924.

Der Grant des Baiern ist eine wesentliche Waffe beim Wahren dieser Reservatrechte. Er ist eine Selbstverteidigungsstrategie, ein Schutzwall. Und kaum einer wusste das besser als Oskar Maria Graf, gerade weil sein Grant nicht xenophob war, sich nicht gegen die da draußen richtete, sondern gegen die herinnen, und zwar vor allem gegen die da oben.

Für Graf war »das Bayrische nur eine Hälfte von mir, die andere unterschied sich sehr gründlich davon«. Er distanziert sich von allen plumpen Bavarismen all jener, die selbst schuld sind an dem weitverbreiteten »Antibavarismus«, weil sie nur allzu gern die Klischees bedienen, sodass »uns die ganze Welt als ein Volk von ›blödn Seppln‹ ansieht.« Ob Graf, der Krachlederne, nicht gelegentlich auch das Seine dazu beigetragen hat? Vor den Nazis nach Amerika geflohen, besuchte er fast täglich die Bar des New Yorker Hotels Waldorf Astoria – in seiner bairischen Lederhosen. Der Mensch in der Fremde wird gelegentlich etwas seltsam. Heimweh ist halt eine schwere Krankheit.

Bei Oskar Maria Graf ist der Grant jedenfalls immer links. Es ist der Blues der sogenannten kleinen Leute. »A-bopa« nennt er es in *Unruhe um einen Friedfertigen*, wo der Schuster Julius Kraus diesen Begriff erklärt: »A-bopa, damit meint man alles, was einem rechtschaffenen Menschen das Leben verbittern kann ... Mit einem Wort, die ganzen Widerwärtigkeiten vom Staat, von den Ämtern vom Gericht und der Polizei, – das ist A-bopa ...« Davon gab es zu Zeiten Grafs bekanntlich nicht wenig. Und heute? Wenn die Reichen trotz Krise immer reicher werden, während die Zahl der Armen wächst und die Mittelschicht verschwindet? Wenn eine sogenannte Sparpolitik soziale Kälte und existenzielle Verunsicherung erzeugt, wenn Expertenherrschaft und vermeintlicher Sachzwang keine politischen Alternativen mehr zulassen wollen und es mit der Demokratie deshalb bald auch nicht mehr weit her ist? Wenn immer mehr staatliche Gängelungen in kleine und kleinste lebensweltliche Bereiche vordringen, während sich der Staat auf höchster Ebene in seiner selbst gemachten Hilflosigkeit den Börsenspekulanten und Finanzbossen ausliefert? Dann ist »A-bopa«-Zeit. Und Zeit, wieder einmal Oskar Maria Graf zu lesen.

Der scheinbar stets vitale und vor Kraft förmlich überschäumende Graf hatte schon früh erfahren, was Gängelung und Demütigung bedeutet. Der ältere Bruder Max hatte nach dem Tod des Vaters die elterliche Bäckerei übernommen und ein brutales Regiment geführt. Er drangsalierte die ganze Familie, auch den heranwachsenden Oskar, das neunte von elf Kindern. Oskar schrieb Jahre später: »Wir alle hassten Max. Mit ihm war irgendetwas Fremdes ins Haus gekommen. Er trieb uns mit schneidend-scharfen Worten an. Kannte keine Milde, schlug sofort zu. Mit der Hand, mit einem Teigspachtel, mit allem, was gerade nah war.« Dieses Zitat steht auf den ersten Seiten von *Wir sind Gefangene*, jenem Roman, der 1927 maßgeblich zum literarischen Ruhm seines Autors Oskar Maria Graf beigetragen hat. Geboren am 22. Juli 1894 in Berg am Starnberger See war Oskar gerade einmal zwölf Jahre alt, als sein Vater starb. Der Bub machte eine Bäckerlehre und litt tagtäglich unter dem rauen Ton und den Schlägen des Bruders. Er litt so sehr, dass er noch Jahrzehnte später im unvollendeten zweiten Teil seiner Autobiografie schreiben sollte: »Wollt ihr nun wissen, was und wer ich bin, so sage ich: Mir ist als Bub von 10 – 12 Jahren so gründlich wie vielleicht keinem der Glaube an das Menschliche im Menschen herausgeprügelt worden, dass es viele Jahrzehnte, fast bis an die Grenze meines Greisenalters gebraucht hat, bis ich wenigstens einiges wieder zurückgewinnen konnte.«

Graf flieht vor den brüderlichen Schlägen und kämpft sich in München als Hilfsarbeiter durch. Er liest viel, macht erste literarische Gehversuche, schließt sich der künstlerischen Bohème an. Vor allem aber beginnt er eine gnadenlose Innenschau, mit deren Hilfe er das Trauma der häuslichen Gewalt überwinden will. Später bekennt er: »Das trieb mich zum Schreiben, und dass auch der Mitmensch dadurch ermutigt wird, so in sich zu schauen und dadurch zu einer Verträglichkeit mit seiner Umwelt zu kommen, war einzig und allein der Sinn meines Schaffens und Wirkens.«

Der Grant als Blues des Südens, als Ausdruck von Schmerz und Trauer, wird zum Motor psychologischer Selbstreinigung, literarischen Schaffens und politischen Engagements. Oskar Maria Graf beteiligt sich 1919 an der bayerischen Räterepublik. Ein Sozialist, aber keiner von den kopfgesteuerten Parteisozialisten, im Gegenteil: »Mir ist – um mit Gorki zu reden – ›mein Sozialismus von Kind an auf den Rücken geprügelt worden‹. Das hat mich (...) gleichsam instinktiv und zwangsläufig – zum Rebellen gemacht ...«

Der Rebell Graf steht politisch links, ist aber durch und durch bairisch – in seinem Reden und in seinem Handeln, im Denken und im Auftreten. »Bairische Gehirnsubstanz« also, aber kein bierschaumblasendes, schenkelklopfendes Seppl-Bairisch. Sondern linksbairisch, was auch damals eher ungewöhnlich war, wenngleich nicht so selten wie man später – nach Jahrzehnten geistiger Flurbereinigung – immer gemeint hat. Baiern hatte schon immer seine Linken, auch wenn sie selten als stramme Parteisoldaten daherkommen, sondern eher anarchisch gesinnt sind. Man denke nur an den Liedermacher und Sänger Hans Söllner aus Bad Reichenhall: einen Anarchisten wie er im Buche steht, mit einem etwas derben Grant. Einer, der sich immer gern mit dem Staat und seinen Mächtigen anlegt, was übrigens ein nicht ganz billiges Hobby ist. Für ein einziges Lied, in dem er eine Polizistin beleidigt, hat er nach eigenen Angaben viermal 38.000 Euro zahlen müssen. Und weil er Franz Josef Strauß, Peter Gauweiler und den früheren bayerischen Innenminister Günther Beckstein mit Faschisten verglichen hat, zahlte Söllner insgesamt rund 100.000 Euro. Der eine leistet sich eben eine Yacht, der andere eine eigene Meinung. Ob solche Aussagen allerdings noch unter die Rubrik eigene Meinung fallen? Die Richter sehen das offenbar nicht so. Und man muss dafür gar kein Liedermacher sein. Wer als Normalbürger seinen Grant zu Beispiel an Gesetzeshütern auslassen will, bedenke, dass ein ›Arschloch‹ 1500 Euro kostet, eine ›alte Sau‹ 2500 und ein Mittelfinger bis zu 4000 Euro. Grant kann unter solchen Umständen ganz schnell zum Luxusgut mutieren.

Einigermaßen luxuriös, nämlich mit dem Mercedes, fuhr ein anderer zu den Parteitagen der Deutschen Kommunistischen Partei. Der Dramatiker Franz Xaver Kroetz, der bis Anfang der 1980er-Jahre an die 40 Theaterstücke schrieb und schon früh sehr erfolgreich war. Kroetz trat der DDR- und moskautreuen DKP bei, »weil ich mich nicht vereinnahmen lassen wollte von dieser Kultur-Bourgeoisie«, hat er später in einem Interview gesagt. Ein linientreuer Kommunist also? Eher nicht. Man kann sich den anarchischen Baiern wohl kaum vorstellen zwischen den sächselnden grauen Eminenzen des Arbeiter- und Bauernparadieses. Kroetz hat den Parteikommunisten 1980 wenig überraschend wieder den Rücken gekehrt.

Doch zurück zu Oskar Maria Graf, der als 30-Jähriger seine ersten Lesungen in München absolvierte. Sie waren durchaus erfolgreich, die einfachen Leute mochten ihn und seine Geschichten; die Intellektuellen und Schriftsteller schätzten ihn ebenfalls. Es ist der bairische Grant in seiner umfassendsten und somit wahren Bedeutung, der Grafs Werke ausmachte: seine manchmal heitere, manchmal derbe, manchmal schwermütige, ja traurige, aber immer sinnliche, ausdrucksstarke und kräftige Art, zu erzählen. Sie zieht sich durch seine *Kalendergeschichten* und Romane wie etwa *Die Chronik von Flechting* oder *Die Ehe des Herrn Bolwieser*. Im Februar 1933 fährt er zu einer Vortragsreise nach Wien, nicht ahnend, dass dies der Beginn eines jahrzehntelangen Exils ist. Weil die Nazis seine Bücher zunächst nicht auf den Scheiterhaufen werfen wollten, sondern sogar ihre Lektüre empfahlen, um den bekannten Autor politisch zu vereinnahmen, veröffentlichte Oskar Maria Graf am 12. Mai 1933 in der Wiener Arbeiter-Zeitung den berühmt gewordenen Aufruf: »Verbrennt mich!« Kein halblautes Vor-sich-hin-Schimpfen, kein duckmäuserisches Granteln, nein; das ist politischer Grant vom Allerfeinsten. Der Grant des Graf ist wahrhaft ein Graf unter den Grant-Formen.

Und glücklicherweise wird sein Wunsch auch erhört. Seine Werke werden verbrannt, er selbst wird ausgebürgert. Graf emigriert zunächst in die Tschechoslowakei, später reist er über die Niederlande in die USA ein. Plötzlich also steht der Ur-Bayer mitten in New York und stapft zeitlebens in Lederhosen durch die Straßen des Big Apple. Auf Fotografien jener Jahre sieht er stets so aus, als würde er nur mal schnell die Münchner Schellingstraße hinuntergehen, um eine Maß Bier zu holen. Es sind Bilder von einem heimwehkranken Baiern. Einem linken Patrioten, der zwar noch manche Europareise unternehmen, aber doch erst nach seinem Tod ganz zurückkehren sollte, an den Ort seiner frühen Schläge und Erfolge. Erst 1968 – ein Jahr nach seinem

Tod – wird die Urne nach München überführt und der Grant-Graf auf dem alten Bogenhauser Friedhof beigesetzt.

Ebenfalls vom Emi-Grant befallen war Emerenz Meier, die Dichterin des Bayerischen Waldes. 31 Jahre ist sie alt, als sie im März 1906 die Heimat verlässt, um ins amerikanische Exil zu gehen. Die Wirtstochter und ehemalige Klosterschülerin aus Schiefweg bei Waldkirchen hat zu diesem Zeitpunkt schon einen Ruf als begabte junge Schriftstellerin. Aber auch, zumindest in bürgerlich-bäuerlichen Kreisen, einen zweifelhaften Ruf als Skandalnudel, als trinkfeste und mannstolle Person, stur und renitent, eine »narrische Verslmacherin«, und gescheiterte Wirtin. »Ich bin ein entsetzliches Weib«, schreibt sie einmal über sich – gewiss: selbstironisch, aber wohl nicht ganz falsch.

Als ihr Vater bankrott geht, emigriert er mit einem Teil der Familie nach Amerika. Emerenz und ihre Schwestern folgen schon bald. Allen Enttäuschungen, Niederlagen und üblen Nachreden zum Trotz, bleibt die Schriftstellerin ihrer Heimat eng verbunden. Nur der Mutter zuliebe geht sie nach Chicago, der damaligen Boomtown des Kapitalismus. Einerseits froh, in den USA ein Exil gefunden zu haben, schimpft Emerenz Meier andererseits furchtbar über die sozialen und politischen Verhältnisse. Ihr politischer Grant wird immer radikaler:

Kennst du das Land, wo Grabsch und Humbug blüh'n,
Die Herzen einzig für den Dollar glüh'n,
Wo Geld vor adliger Gesinnung geht,
Die Schlauheit hoch, die Treue niedrig steht,
Kennst du das Land, dahin, dahin
Würd ich, hätt ich die Wahl, nie wieder zieh'n.

In den Briefen der Emerenz Meier an ihre daheimgebliebene Freundin ist viel von Politik die Rede. »Liebe Gusti, warum schauderst Du denn so vorm Bolschewismus? Glaubst Du auch die kapitalistischen Lügen über ihn, von denen die Zeitungen strotzen?« Emerenz Meier glaubt an Marx, »den armen, stets gehetzten Menschlichkeitsapostel« und an Lenin, den »wunderbaren Mann, der obwohl er zurzeit das Oberhaupt eines großen Reiches ist, doch wie der ärmste Arbeiter wohnt und lebt«. Sie scheint nicht die einzige Bayerin zu sein, die in Amerika rot geworden ist: »Sie sind sämtlich radikale Sozialisten. Nur ein paar Ausnahmen kenn ich, die katholisch und dumm-boshaft geblieben sind. Die laufen noch zur Kirche und bringen Opfer, wie das Volk von Babylon einst getan. Aber ein Armer könnte vor ihrer Türe verhungern, bevor sie ihm einen Cent gäben.«

Größer als ihr Grant ist wohl nur die Sehnsucht nach der Heimat. Obwohl sie selbst nicht viel besitzt, schickt Emerenz Meier Geld und nützliche Dinge in den Bayerischen Wald, um dort die Not der Menschen zu lindern. Sie selbst ist nie wieder in die geliebte Heimat zurückgekehrt. Am 28. Februar 1928 stirbt die 53-Jährige an einem Nierenleiden.

Abgründe des Grants: Ludwig Thoma und Ludwig Ganghofer

Der Grant ist eine Maske: Manchmal schaut diese Maske böse drein, manchmal lächelt sie spöttisch, lässt traurig die Mundwinkel hängen oder schneidet Grimassen. Gelegentlich aber wird der Grant auch zur Fratze – verzerrt, bösartig, hässlich. Dann gibt er sich feindlich: ausländerfeindlich und inländerfeindlich, frauenfeindlich und schwulenfeindlich, judenfeindlich und moslemfeindlich ... Hauptsache feindlich. Meistens gehts gegen Schwächere. Und obendrein ist er dabei auch noch kleinkariert, pedantisch und verschlagen. Kurzum, der Grant wird militant – und der Grantler ein bösartiger Spießer.

Solch typische Kleinbürger haben einen Stammplatz in der Literaturgeschichte: zum Beispiel Alfons Kobler in Ödön von Horvaths *Der Ewige Spießer* oder Gustl Gillich in Marieluise Fleißers *Eine Zierde für den Verein* und natürlich *Anton Sittinger*, den Oskar Maria Graf mit feiner Feder gezeichnet hat. Wie alle Spießer strebt auch Sittinger nach dem kleinen Glück und dem privaten Wohlstand; er pflegt sein enges, überschaubares Weltbild und flüchtet gern mal in die Idylle; politisch eher desinteressiert ruft er bei der erst besten Gelegenheit nach Ruhe und Ordnung. »Rundherum witterte er Verhängnisse. Am besten war es, von vornherein jeden Menschen als seinen Feind anzusehen«, schreibt Oskar Maria Graf über seinen Anton Sittinger. »Nur keinen heranlassen, keinen einzigen«, sagt sich der Münchner Postinspektor. Sittinger ist der perfekte Vertreter des Angstbeißer-Grants. In der Filmfassung ist er mit dem großartigen Darsteller Walter Sedlmayr perfekt besetzt.

Eine unzeitgemäße Figur? Ist er wirklich schon ausgestorben, dieser Nietzsche und Schopenhauer lesende Kleinbürger, der sich stets unpolitisch gibt und doch zur rechten Zeit auf die richtige Seite wechselt. Jener kleine Karrierist, dem die Politik ein zu schmutziges Geschäft ist und der fest daran glaubt, dass man ja eh nichts ändern kann. »Was geht uns die Politik an? Wir haben sie nicht gemacht und sind nicht verantwortlich dafür«, grantelt Anton Sittinger in Grafs gleichnamigem Roman vor sich hin.

Sittingers Menschenbild lässt sich in einem Satz zusammenfassen: »Der Mensch is a Sau.« Und keiner weiß das besser als er, weil er selbst – berechnend und habgierig – die anderen über den Tisch zieht. Charakter? Humbug! »Wenn man einmal so alt ist, da kann man sich solche Extravaganzen nicht mehr leisten.«

Sittingers Grant ist fatalistisch; der Gegen-Grant seines Erfinders nicht minder. Oskar Maria Graf hegte ein tiefes Misstrauen gegen die Sittingers und Bolwiesers; bis hin »zum ohnmächtigen Eingeständnis, dass der Mensch eine unergründliche Fehlleistung der Schöpfung ist, wie ein Blatt im Wind hilflos ausgeliefert den Mächten seiner Herkunft, seines mühseligen Werdens und der dunklen, fast unbezwingbaren Triebe«. Grafs Grant und der seiner Figur unterscheiden sich dennoch wesentlich. Während Graf rebellisch ist und links, steht Sittinger politisch eindeutig rechts. Er begrüßt die einziehenden Verbände von Heimwehr und Freikorps. Und Sündenböcke hat er natürlich auch ganz schnell gefunden; Sittingers Grant terrible schaut recht harmlos und bieder aus … aber am Ende wartet das braune Parteibuch.

Ein hypochondrischer Egoist, der sich überall feige anzupassen versteht – so hat ihn Ödön von Horvath in *Der ewige Spießer* beschrieben, um gleichzeitig davor zu warnen, sich allzu leichtfertig über diese lächerliche Figur zu erheben: »Auch der alte Typ des Spießers ist es nicht mehr wert, lächerlich gemacht zu werden; wer ihn heute noch verhöhnt, ist bestenfalls ein Spießer der Zukunft.«

Und wo sitzt dieser neue Spießer-Grant heute? In einer Zeit, in der die Einkommenskluft zwischen Arm und Reich in Deutschland immer größer wird? Im Prekariat? Oder mitten in einer schrumpfenden Mittelschicht, die sich als Verlierer des vergangenen Jahrzehnts verortet und sich im eigenen Status bedroht sieht? Eine Mittelschicht, die aus Furcht, in die Unterschicht abzusteigen, auf Ausländerfeindlichkeit und Fremdenhass hereinfallen könnte? All jene vielleicht, die mitten in der Banken- und Finanzkrise ausgerechnet einem Ober-Banker Glauben schenken, der »Haltet den Dieb« schreit? Das Potenzial Sarrazin also. Der rechte Grant der neuen Mitte?

Mancher mag den guten alten Bebel-Zeiten nachtrauern, als man in der Sozialdemokratie noch wusste, wie man mit solchen Populisten umzugehen hatte. Mit den Worten »Schaug, dass di schwingst, Haderlump, hatscherter« hat man 1902 bei der bayerischen SPD einen unbelehrbaren Sozialdarwinisten rausgeworfen. Damals feierten die weiß-blauen Sozis ein Almfest auf der Bodenschneid im Mangfallgebirge, und viele Genossen trugen bayerische Tracht.

Horvaths Warnung ist heute noch gültig, und Selbstgefälligkeit ist bestimmt fehl am Platz. Denn wie fragte schon *Der Öd* am Ende von Uwe Dicks *Bio-Drama eines Amok denkenden Monsters*, nachdem er in einem schaurig wortgewaltigen Monolog seine »Wechselfiebrige(n) Anfälle von Weisheit, Torheit und Faschismus« abgelassen hat?

»Wißts es, wo i dahoam bin?
Dees wißts need, gei!?
Inam jedn von eich,
servaßßß!«

Wer kann schon wirklich von sich behaupten, dass er ihn überhaupt nicht kenne, den kleinen ›Faschisten‹ in sich, der gelegentlich auf Gott und die Welt und die Politiker schimpft: »Greislige Bagage. Eh alle korrupt«? Wer kann von sich sagen, dass er nicht manchmal vom Grant geritten an den Abgründen seiner eigenen Seele vorbeifliegen durfte, und sich dabei gewundert hat, wie tief er hinunterfallen könnte, beim wilden Ritt über seinen ureigenen Grant Canyon?

So mancher ist bei der Gra(n)t-Wanderung jedenfalls schon rechts hinuntergefallen. Manche nur für einen Abend, am Biertisch. Andere für ihr ganzes restliches Leben. Ludwig Thoma und Ludwig Ganghofer sind zwei gute Beispiele dafür, wie der Grant in eine Art Gemüts-Faschismus münden kann. Dabei waren die beiden Ludwigs eigentlich gar nicht die klassische Klientel für jenen Grant, der als Ventil einer politischen und privaten Ohnmacht herhalten muss. Beide waren in ihrem Leben sehr erfolg- und einflussreich. Als sie sich 1902 kennenlernten, war der eine Ludwig fast schon 50 Jahre alt und *der* Ganghofer. Als Verfasser viel gelesener Heimat-, Geschichts- und Hochlandromane war er der Lieblingsautor von Kaiser Wilhelm II. und literarisch längst schon eine Legende: *Der Jäger von Fall, Die Martinsklause, Schloss Hubertus, Das Schweigen im Walde, Der Edelweißkönig.*

Wenn Ganghofer in seine mondäne Münchner Stadtwohnung oder auf sein Schloss Hubertus im Tiroler Gaistal vorm Wettersteingebirge lud, dann kamen die Kultur-Promis gern: Hugo von Hoffmannsthal, Leo Slezak, Ricarda Huch, Franz von Stuck, Arnold Böcklin. Gar nicht zu reden von Franz von Defregger, Friedrich August von Kaulbach oder Rainer Maria Rilke, der stets nur vom »Meister Ganghofer« sprach.

Auch Ludwig Thoma kam gern, jener beißende Spötter und Kritiker des Wilhelminismus, der gerade auf dem Sprung zur Bekanntheit war. Als wortgewaltiger Zeitkritiker beim *Simplicissimus* lästerte der gelernte Rechtsanwalt über Gott und die Welt, über Scheinmoral und falsche Autoritäten. Thoma war damals ein bayerischer Linksliberaler, der freche Bücher schrieb, und obwohl er nie solche Verkaufszahlen erreichte wie der Beststeller-Autor Ganghofer, feierte er 1901 und 1902 erste große Erfolge mit seinen Bühnenstücken *Die Medaille* und *Die Lokalbahn*.

18 Jahre lang waren Ludwig Ganghofer und Ludwig Thoma eng befreundet. Es war eine Männerfreundschaft der besonderen Art. Getragen von der Liebe zur Literatur, zum Wald, zu den Bergen und zur Jagd – in all ihren Facetten. Thoma, der kein Glück mit den Frauen hatte, fand in Ganghofer einen väterlichen Freund und Ratgeber. Literarisch lagen zwar Welten zwischen den beiden, aber politisch näherten sie sich im Laufe der Jahre immer mehr aneinander an. Der einst linksliberale Thoma wies schon vor dem Ersten Weltkrieg sehr konservative bis reaktionäre Züge auf. Am Vorabend des Weltenbrandes hatte der Hurra-Patriotismus die beiden Ludwigs dann endgültig angesteckt. Glühender Nationalismus erfüllte die beiden.

Ganghofer, der schon immer von Technik begeistert war, glaubte eine Erfindung für Deutschland machen zu müssen, die das Massentöten noch effizienter gestalten und den Krieg in die gegnerischen Städte tragen sollte. Ein Luftschiff mit Torpedos! Ganghofer war als Vordenker des Luftkriegs und des Bombenterrors über feindlichen Städten seiner Zeit jedoch zu weit voraus.

Graf Zeppelin, an den er sich mit seiner Idee wendete, lehnte aus technischen Gründen ab. Was also tun mit all dem patriotischen Eifer? Der bereits 59-Jährige meldete sich freiwillig für den Fronteinsatz, obwohl er gichtig und rheumatisch war und bereits einen Herzinfarkt hinter sich hatte.

Sie wollen mich nicht nehmen,
Sie meinen, ich wär' zu alt,
Wär' schon ein bisschen zerbrochen,
hätt' Rheuma in allen Knochen.
Wär' Pulver, das schon verknallt.

… dichtete Ludwig Ganghofer in seiner Kriegsliedersammlung *Die eiserne Zither*. Als Frontsoldat abgelehnt, wurde er von Kaiser Wilhelm II. höchstpersönlich auf den eigens für ihn geschaffenen Posten eines Kriegsberichterstatters gehievt. Der Heimatdichter als Propagandatrommler. An der Westfront, an der Ostfront, an der Heimatfront. Ganghofer trommelte überall. Unverwüstlich heiter schrieb er seine Lobgesänge auf den Kaiser und berichtete erbauliche Geschichten aus den Schützengräben. Es war ein gutes Geschäft für ihn. Bis zu 1500 Mark bekam er pro Vortrag. So viel verdiente ein Arbeiter damals im Jahr. Der Spott vieler Zeitgenossen war dem alten Ganghofer jedoch ebenfalls sicher. Karl Kraus zeichnete in *Die letzten Tage der Menschheit* ein böses Bild des kaiserhörigen Heimatdichters. Und die satirische Zeitschrift *Simplicissimus* lästerte: »Ganghofer an der Front. Die Schlacht kann beginnen.«

Zum glühenden Patrioten war mittlerweile auch der einstige Staats- und Kaiserkritiker Thoma geworden. Freiwillig meldete er sich 1915 als Sanitäter, kam nach Galizien an die Ostfront, wo er Verwundete transportierte. Wie gern hätte er selbst zur Waffe gegriffen. Im Juni 1915 appellierte er an Ganghofer: »Erlass doch einen Aufruf: Bildung eines Scharfschützenkorps gegen Italien. Verwendung in den Tiroler Alpen. Alle über 45 Jahre alten, körperlich tauglichen Jäger und Schützen können sich melden. Zahl beschränken, vielleicht auf 200. Die Besten nehmen und Du das Kommando übernehmen. Was die Tiroler, 60- und 70-Jährigen leisten, bringen wir auch noch fertig. Ich melde mich gleich bei Dir in aller Form an. Herrgott, Ludwigl, wenn ich das mit Dir erleben dürfte, das Leben wär noch mal so schön, und das Sterben nicht schwer.«

Zum Sterben reichte es nicht ganz, aber Thoma erkrankte an der Ruhr. Für den Krieg war er damit untauglich, nicht jedoch für einen »Kompromisslosen Siegfrieden«. So lautete nämlich die Parole der Deutschen Vaterlandspartei, der Thoma im Juli 1917 beitrat.

Auch Ludwig Ganghofer dichtete fleißig weiter seine Durchhaltelyrik. Bis zum bitteren Kriegsende, obwohl er selbst von Schrapnellteilen an Auge und Arm verletzt wurde. Der Krieg ging trotzdem verloren. Und aus dem bayerischen Dichter-Traumpaar Ganghofer und Thoma wurde die Notgemeinschaft verbitterter Patrioten. Sie zogen sich zurück aus einer Welt, die ihnen nur noch als Narrenhaus erschien. Nicht einmal mehr die Jagd bot Trost in jenen revolutionären Jahren. Ganghofer war gesundheitlich angeschlagen und erholte sich nur langsam. Er fing wieder an zu schreiben und war sogar recht erfolgreich. Sein letztes Werk widmete er dem bayerischen König Ludwig III.: *Das Land der Bayern in Farbenphotographie*.

Weitgehend grau erschien das Leben hingegen dem jüngeren Ludwig Thoma. Er wurde von Depressionen heimgesucht. Mühsam baute ihn Ganghofer wieder auf, stundenlang segelten die beiden auf dem Tegernsee und redeten. Immer und immer wieder besprachen sie den verlorenen Krieg und wie alles so kommen konnte. Es war eine traurige Welt. Der Grant der beiden Ludwige wurde immer verbitterter.

Viel später, erst 1989, stellte sich heraus, dass Ludwig Thoma am Ende seines Lebens, in den Jahren 1920/21, anonym zahlreiche Beiträge für den *Miesbacher Anzeiger* geschrieben hatte. Es waren hasserfüllte, bösartige Schmähschriften voller Antisemitismus und Demokratiefeindlichkeit. Ein Mitgliedsantrag für die gerade entstehende Nazipartei blieb unausgefüllt – die Gnade des frühen Todes. Ein gutes Jahr nach Ludwig Ganghofer starb Ludwig Thoma an seinem abgründigen Grant – und an Magenkrebs.

Drent und herent: Abenteuer am Grant Canyon

›Drent und herent‹ sind die bairischen Begriffe für drüben und herüben. Dazwischen verläuft in der Regel eine wie auch immer geartete Grenze; zum Beispiel eine politische, etwa die zwischen Bayern und Österreich (auf dem Cover dieses Buches ist ein Stück davon zu sehen). Oder die zwischen Deutschland und Österreich. Diese beiden Grenzen sind eigentlich identisch. Und doch auch wieder nicht, denn es kommt immer drauf an, wer sie gerade überschreitet: ein Bayer oder ein Österreicher oder ein Deutscher. Und vor allem: in welche Richtung.

Die Grenze zwischen Bayern und Österreich ist keine natürliche Grenze; sie wurde im Lauf der Jahrhunderte immer wieder verschoben und trennte recht willkürlich die Angehörigen ein und derselben Mundart, nämlich des Mittelbairischen. Natürlich wollen wir hier keine Grenzsteine verschieben oder die alte Frage nach der österreichischen Identität aufwerfen; zum Beispiel mit der schlichten Behauptung, Österreicher seien ja im Grunde Deutsche, schließlich sprechen sie doch irgendwie Deutsch. Was so nicht stimmt, denn nicht nur die Baiern in Bayern, sondern auch die Baiern in Österreich sprechen in der Regel kein Deutsch, sondern Bairisch: Mittelbairisch in der Gegend zwischen München und Wien, oder Südbairisch in Tirol, Kärnten und in der Steiermark.

Etwas komplizierter wird die Sache, wenn die Deutschen ins Spiel kommen. Und sie kommen reichlich. Die Deutschen reden meist auch kein Deutsch, insbesondere kein Hochdeutsch; sie wissen es aber nicht. Weil sie ihr ›Keindeutsch‹ völlig anders aussprechen als die Bayern und die Österreicher, unterscheiden sie sich von diesen, und zwar recht deutlich hörbar. Erschwerend kommt hinzu, dass es von den Deutschen viele gibt, sehr viele; nicht zuletzt in Bayern und in Österreich. Vorzugsweise im Sommer, noch lieber aber im Winter. Und natürlich im Frühjahr und im Herbst. Ein Umstand, der im Süden gelegentlich den viel zitierten Blues des Südens auslösen kann.

Diese Deutschen, sofern sie also Einwanderer aus dem Norden sind, heißen in Bayern entweder ganz neutral ›Preissn‹ oder an schlechten Tagen etwas kritischer ›Saupreissn‹. Ist gerade Fußballweltmeisterschaft und die deutsche Mannschaft spielt gut, dann heißen die Deutschen in Bayern ›die Deutschen‹. Und die Bayern auch. Spielen sie nicht so gut, heißen sie ›Hamperer‹ und ganz Bayern plädiert wieder einmal für eine eigene Nationalmannschaft. Spielt Deutschland aber gegen Österreich, dann sagt der Bayer gar nichts mehr, denn mit Fußball hat es eh nichts zu tun, allenfalls mit Entwicklungshilfe. Und dafür ist Berlin zuständig. Aber das ist ein anderes Thema.

Noch komplizierter wird die Sache dadurch, dass in Bayern nicht nur gebürtige Preußen ›Preissn‹ heißen können, sondern auch gebürtige Andere; im Extremfall sogar Baiern, nämlich dann, wenn sie sich aufführen wie die ›Preissn‹. Zum Beispiel laut, von oben herab und besserwisserisch.

In Österreich heißen Zugewanderte aus dem Norden übrigens immer ›Piefkes‹, sofern sie keine Bayern sind, sondern Preußen, wie der Bayer sagen würde. Handelt es sich hingegen um Bayern in Österreich, dann kommt es ganz darauf an, wie die sich benehmen. Falls gut, werden sie neutral als ›de Boarn‹ bezeichnet. Falls nicht ganz so fein, wie etwa in den Jahren 1703 oder 1809, in denen wittelsbachisch-bairische Besatzer in Tirol wüteten – dann werden sie gern ›Saubayern‹ genannt; oder auf bös Tirolerisch ›Boarfackn‹.

Wir wollen an dieser Stelle die Verwirrung nicht noch weiter treiben. Auch die jahrhundertelangen Streitigkeiten und Machtspielchen zwischen Wittelsbachern und Habsburgern, die oft recht blutig und grausam auf dem Rücken aller Baiern – drent und herent – ausgetragen wurden und zu bösen Bruderkriegen und Nachbarschaftskonflikten führten, sollen hier nicht vertieft werden. Wenden wir uns lieber den Gemeinsamkeiten zu. Der ehemalige österreichische Bundeskanzlers Bruno Kreisky etwa prägte den Satz: »Ich bin immer gern in Bayern, weil ich da nicht mehr in Österreich und noch nicht in Deutschland bin.«

Bayern – der goldene Mittelweg; die Schnittstelle, die viel gemeinsam hat mit den Nachbarn im Alpenraum. Was aber ist es, das Bayern und Österreicher verbindet? Natürlich die gemeinsame Sprache, das Bairische. Und nicht zuletzt der Grant, den es sonst nirgendwo gibt auf der Welt. Immerhin sind es 2500 gemeinsame Schimpfwörter, die in ganz Altbayern und Österreich von den meisten Dialektsprechern verstanden werden, schreibt der Sprachforscher Reinhold Aman in seinem *Bayrisch-Österreichischen Schimpfwörterbuch*.

Aus gutem Grund also darf die Grenze zwischen Bayern und Österreich als der ›Grant Canyon‹ Europas bezeichnet werden. Bei allen Unterschieden, die der Grant diesseits und jenseits dieser Linie aufweist, verbindet er die Menschen mehr, als dass er sie trennt. Man kann also durchaus sagen, dass er ein Völker verbindendes Element ist, nicht erst seit die Grant-Stifter von der Bayern LB und dem Kärntner Konzern Hypo Group Alpe Adria ihre Gschäfterl machen. Der Grant ist schon seit jeher der gemeinsame Nenner, auf den alle Baiern zu bringen sind – drent und herent – also in Bayern und in Österreich. Sogar die alemannischen Vorarlberger, so hört man aus berufenem Munde, haben den bairischen Grant längst so verinnerlicht, dass er zum Alltag der Menschen gehört.

Österreich jedenfalls hat bedeutende Grant-Master hervorgebracht. Von Bruno Kreisky war schon die Rede. Die Fußballlegenden Ernst Happel und Max Merkel werden in einem späteren Kapitel gewürdigt. Aber kennen Sie Johann Julier, den raunzenden Grantscherben aus Wien-Margareten? Bestimmt. Vielleicht nur unter dem Namen Hans Moser. Womit wir endlich in der zweiten Grant-Hauptstadt der Welt angekommen wären.

Wien oder die Philosophie des Eh

»Wien ist eine Art Religion, der schon die Eltern angehört haben«, hat der Wiener Kabarettist Georg Kreisler einmal gesagt. Leider hat uns dieser wunderbar düstere österreichisch-jüdische Anarchist nicht verraten, was die genauen Bestandteile der Glaubensrichtung sind. Also wagen wir an dieser Stelle eine eigene theologische Annäherung an die Stadt und ihre Religion. Beginnen wir mit dem Glaubensbekenntnis des Wieners:

Ich glaube an den Grant, den Allmächtigen,
den Schöpfer von Wien und Umgebung.
Und an den Schmäh, seinen eingeborenen Sohn,
unsern Herrn,
empfangen durch den raunzenden Geist,
geboren in Mariahilf, im sechsten Bezirk.
Gelitten beim Heurigen unter Schrammeln und Speck;
Dullijö! Eines Tages de Potschn gestreckt!
Ja eh, kannst nix machn, so gengan de Gang.
Am End fahrma olle mitm Anasiebzga haam!

So oder so ähnlich dürfte er gehen, der Blues des Südens in seiner Wiener Variante. Es handelt sich dabei um den Grant in seiner umfassenden Bedeutung. Ein bisserl knurren und zanken gehört dazu, und an allem herumkritisieren – also das, was man in Wien recht lautmalerisch ›raunzen‹ nennt. Mit dabei ist aber auch ein bisserl grinsen und lachen, also einen gepflegten Schmäh führen. Und dann natürlich das Weinerliche, jenes Gefühl, dass die Welt ohnehin nicht mehr lang steht; jener spezifisch wienerische Weltschmerz also, bestehend aus Selbstmitleid, gepaart mit einer Affinität zum Tod, die man dem Wiener zu Recht nachsagt.

Um Letztere zu erfahren, muss man nicht eigens den »Anasiebzga« zum Zentralfriedhof nehmen – was im übertragenen Sinn übrigens bedeutet »de Potschn streckn«, also zu sterben.

Man besuche nur einmal die verschiedenen Verliese und Grüfte Wiens oder sein Bestattungsmuseum im 4. Bezirk, wo man die Rettungsklingel für Scheintote auslösen darf oder gelegentlich sogar im Sarg Probe liegen kann. Es ist der Kult um die sogenannte schöne Leich', der in dieser Stadt besonders wichtig ist. Und der stets mit einem guten Schuss Humor gepaart wird. Übrigens von klein auf, denn morbid sein will gelernt werden. Im 19. Jahrhundert durften Wiener Kinder deshalb mit biedermeierlichen Scherenschnitt-Spielzeugfiguren üben und die Lieblingsbeschäftigung ihrer Eltern nachspielen, nämlich eine feierliche Totenprozession.

Fachleute wie Wittigo Keller, der Chef vom Bestattungsmuseum in Wien, sehen in der »Schönen Leich« eine »theatralische Performance«: »Es war das erste Event, das es in Wien überhaupt gegeben hat. Das ist so weit gegangen, dass manche Menschen sich einen Tag Urlaub genommen haben, um bei einer schönen Leich, also bei einem so großartigen Begräbnis dabei zu sein. Fensteröffnungen wurden als Loge vermietet, wo man gemütlich bei einem Gläschen Sekt den Leichenzügen beiwohnen konnte.« So etwas soll übrigens heute noch vorkommen. Lang lebe der Zentralfriedhof.

Die Verliebtheit in das Morbide und Endliche ist zweifelsohne ein wichtiger Bestandteil des Wiener Grant-Systems. Man könnte an dieser Stelle auch von Fatalismus sprechen. Schließlich wird ›eh‹ alles kommen, wie es kommen muss. »Da kamma nix machn« – »Na, eh ned«, lautet hierauf die richtige Antwort. Dieses ›Eh‹ ist ein zentraler Begriff der Wiener Philosophie. ›Eh‹ bedeutet so viel wie ohnehin. Egal, wie man eine Sache betrachtet oder was man tut, alles kommt mit eiserner Notwendigkeit. Weshalb letztlich »Eh alles wurscht« ist. Erinnern Sie sich noch an den Philosophen Anaximander? Das war der mit dem Satz: »... woraus sie entstehen, darin vergehen sie mit Notwendigkeit ... gemäß der Ordnung der Zeit.« Oder anders formuliert: »Kummt eh kaana aus.« Ein echter Wiener, dieser Anaximander.

Selbst wenn Wien heute keine über die Maßen katholische Stadt mehr ist, so hat der Fatalismus ihrer Einwohner durchaus etwas mit Religion zu tun. Der Wiener Dompfarrer Toni Faber erklärte dem Autor bei einer Begehung der Katakomben unter dem Stephansdom, dass die Verliebtheit des Wieners in das Morbide letztlich »ein gelassenes Sich-Aussöhnen mit den unvermeidlichen Tatsachen des Lebens« sei. »Wirklich glücklich ist der, der annehmen kann, was nicht zu verhindern ist.« Tu felix Vienna. Der Tod ist halt auch ein echter Wiener – und wer glaubt, das sei nur ein Klischee, der halte sich die Geschichte des Liedermachers Ludwig Hirsch vor Augen. Seine düsteren *Dunkelgrauen Lieder* verzückten zahlreiche Fans des Morbiden und Makabren. *Komm, großer schwarzer Vogel* war einer seiner größten Hits, der Ende der 1970er-Jahre vom Radiosender Ö3 nach 22 Uhr nicht gespielt wurde, aus Angst, der Song löse reihenweise Suizide aus. Nicht ganz zu Unrecht, wenn man sich diese Liedzeilen anschaut:

Komm grosser schwarzer Vogel!
Schau, das Fenster ist weit offen,
schau, ich hab Dir Zucker auf's Fensterbrett g'straht.
Komm großer schwarzer Vogel, komm zu mir!
Spann' Deine weiten, sanften Flügel aus
und leg s' auf meine Fieberaugen!
Bitte, hol mich weg von da!

An einem Novembermorgen des Jahres 2011, in aller Herrgottsfrüh, öffnete der schwer kranke Ludwig Hirsch das Fenster vom Pavillon 26 der Lungenabteilung des Wiener Wilhelminenspitals und sprang aus dem zweiten Stock. Hirsch starb noch vor Ort. Viele seiner Fans fühlten sich an die Textzeilen aus *Komm großer schwarzer Vogel* erinnert. Und einmal mehr gab es in Wien eine »schöne Leich«, an jenem Tag nämlich, als Ludwig Hirsch am Wiener Zentralfriedhof aufgebahrt wurde.

Die heilige Dreifaltigkeit des Wieners besteht aus dem Grant, der schönen Leich' und dem Schmäh, wobei der Schmäh zweifelsohne das schillerndste Phänomen des Wienerischen ist; quasi eine regionale Spielart des Grants. Wer einen Schmäh führt, macht mehr als nur einen platten Witz. Denn der Schmäh ist eine Lebenshaltung: ein bisserl charmant und ein bisserl larmoyant, meist gutmütig und unverbindlich freundlich, aber mitunter auch böse und sehr verbindlich unfreundlich. Hinterfotzig und doppelbödig kann er sein, der Schmäh, ja sogar verschlagen. Oft aber ist er nur melancholisch oder – wie bereits gesehen – morbid. Ein andermal ist er in Praterstimmung, auftrumpfend bis zum Hochstaplerischen, heiter wie ein Glaserl Heuriger. Und kurz darauf wieder raunzend und grantig bis zum Ungenießbaren. Der Schmäh ist vielschichtig und dabei doch stets unverkennbar ein Wiener. Als solcher kann er in vielen Gewändern daherkommen: als Hofrat oder als Heiratsschwindler, als Haus- oder als Kapellmeister, als Fiaker oder als Feinkostladengehilfe. Wie der Herr Karl – zweifelsohne eine Wiener Legende. Denn der Herr Karl war ein großer ›Schmähführer‹, nicht nur bei den Madeln, auch sonst. Dass er eine Erfindung ist, dieser Herr Karl, eine Kunstfigur und das Produkt genauester Beobachtungen und Sozialstudien, tut der Legende keinen Abbruch. Im Gegenteil. Vielleicht macht ihn gerade dieser Umstand so wirklichkeitsnah, dass einem als Zuschauer bis heute der Lacher im viel zitierten Halse stecken bleibt, wenn der korpulente Mann mit Hut seine Bühne – den Keller einer Wiener Delikatessenhandlung – betritt, um zwischen Regalen und Konserven zu monologisieren. Über sein Leben und die gute alte Zeit, vor dem Krieg und im Krieg und danach. Gehens, was hat man nicht alles mitgemacht? Nun, die Antwortet lautet: Alles. Alles hat er mitgemacht, der Herr Karl. Er ist der klassische Mitläufer; ein kleinbürgerlicher Opportunist, ein Spießer, wie er im Buche steht. Bis 1934 war er Sozialist, aber: »Das war aa ka Beruf. Hat ma aa net davon leben können.« Danach hat er für die Schwarzen demonstriert. Und dann für die Braunen, damals 1938, als ganz Wien auf dem Heldenplatz jenem anderen österreichischen Schmähführer zujubelte. Überall war er dabei, der Herr Karl, und danach will er es nicht gewesen sein. Auch wenn er persönlich einen Juden aus dem Gemeindebau zum Pflasterschrubben geführt hat – der Herr Karl sieht sich – eh klar – selbst als Opfer. Mal larmoyant, mal aggressiv, mal morbid – eine knappe Stunde lang richtet er seinen Blick in die Fernsehkamera, so als würde er direkt mit uns Zuschauern reden. Ein Fahnderl im Wind, stets unterwürfig gegenüber der Obrigkeit: »Jawohl Frau Chefin, bitte gern, bitte gleich.« Um dann hintenherum nachzumaulen. Oder mit seinen Frauengeschichten zu prahlen. Zum ersten Mal hat das *der Herr Karl* am 15. November 1961 getan. Im österreichischen Fernsehen. Sein Erfinder und Darsteller, der damals 33-jährige Schauspieler, Kabarettist und Schriftsteller Helmut Qualtinger, hat das Ein-Figuren-Stück zusammen mit Co-Autor Carl Merz in nur neun Tagen geschrieben. Die Wirkung war erschütternd: Ein Aufschrei ging durchs Land. Vor allem bei den konservativen Österreichern, denn die eigenen Verstrickungen in den Nationalsozialismus waren bis dato kein Thema. Der Nestbeschmutzer Qualtinger wurde über Nacht berühmt. Und der opportunistische Herr Karl zu einer der legendären Figuren der österreichischen Literaturgeschichte. Der Feinkostladengehilfe hatte übrigens ein reales Vorbild. Einen gewissen Herrn Max. Der musste allerdings erst noch literarisch veredelt werden, wie Helmut Qualtinger später in einem Interview erzählte. Denn: »Den echten Herrn Karl hätte uns kein Mensch geglaubt.«

Der Grantler als kleinbürgerlicher Oppportunist; und der Grant als ätzende Kritik an genau jenem Sozialtypus: bei Helmut Qualtinger werden sie beide lebendig. Der gewichtige Schauspieler und Kabarettist hat zusammen mit Carl Merz auch jenen Herrn Travnicek erfunden, der als legendärer Wiener Raunzer die Welt bereisen durfte.

Freund: Travnicek, was sagt Ihnen Spanien?
Travnicek: Offen gestanden – nichts. Die Stierkämpf' a matte Sache ... Simmering-Kapfenberg, das nenn i Brutalität ... Der Malaga is ka Heuriger ... und die Regierung? A Diktatur, aber ka Hitler! Wann mi des Reisebüro net vermittelt hätt ...

Travnicek hat an allem etwas auszusetzen und beendet sein Lamento stets mit der Schlusswendung: »Wann mi des Reisebüro ned…« Auf die Frage des Freunds, warum er sich denn von dem Reisebüro immer vermitteln lässt, antwortet Qualtinger alias Travnicek: »Was soll i denn machen? I bin der Chef.«

Wie lebendig der Grant in seiner raunzenden Variante heutzutage noch ist, wird regelmäßig an Wiens Würstelständen deutlich, wo die liebe Stammkundschaft um die 20 Quadratmeter kleinen Häuschen herumsteht und eine ›Haße‹ (Burenwurst oder auch Burenheidl genannt) und ein 16er Blech (Dosenbier aus dem 16. Wiener Bezirk) zum Anlass nimmt, um nebenbei einen gepflegten Grant zu zelebrieren. Dies kann während des Opernballs im 1. Bezirk geschehen, wo dann zufällig der Herr Carreras daherkommt und sich eine ›Haße reinpflegt‹. Es kann auch auf dem Naschmarkt passieren, am altehrwürdigen Standl von der Frau Sabina, die als »Mutter Theresa vom Naschmarkt« firmiert und im Tunneldurchgang unter der großen Uhr stets ein offenes Ohr für ihre Kunden hat. Oder beim Herrn Helmut im Würsteleck von Hütteldorf, gleich hinterm Gerhard-Hanappi-Stadion, wo Rapid Wien zum Heimspiel antritt; was in der Regel immer eine günstige Gelegenheit für eine Partie Grant am Würstelstand bietet.

Ein weiteres beliebtes Motiv ist das Geraunze über das Aussterben eben dieser Wiener Institution, das meist sogar empirisch belegt wird: »Oida, nua no 154 Würstelständ in ganz Wien.« Anschließend wird das Lamento mit einem historischen Teil untermauert: »Der Würstelstand wurde nach dem Ersten Weltkrieg für Invaliden erfunden, die eine Arbeit gebraucht haben. Weil, die haben keinen Haxn oder keine Hand mehr gehabt, wegen dem Weltkrieg. So eine Tradition muss erhalten werden.« Wobei nie ganz klar wird, welcher Teil der Kausalkette dem

Raunzer absolut unverzichtbar erscheint: Der Krieg? Der Haxn? Das Standl? Die Wurscht?

Wie auch immer, auf den historischen Teil – so verlangt es die Grant-Etikette – folgt eine rhetorische Attacke gegen asiatische Nudelhütten oder türkische Kebab-Buden. Diesen Abschnitt erkennt man sofort an seiner Einleitung: »Vasteh mi ned föisch, Oida, I hob nix gegen de Tschuschn und de Kinesa, aba…«

Anschließend dann noch die Erklärung, warum der Grantler kein Ausländerfeind ist, weil er depperte Inländer mindestens genauso wenig mag; am allerwenigsten die Deutschnationalen, die lauter Piefkes ins Land bringen. In der Conclusio wird dann deutlich, warum aber das Abendland dennoch in Gefahr ist. »Eh klar, wegen der Wurst, um die geht's.«

In solchen Situationen klingt der Grant dann wie der Elektriker Edmund ›Mundl‹ Sackbauer aus Wien-Favoriten. Von ihm, dem Helden der TV-Serie *Ein echter Wiener geht nicht unter*, haben wir in diesem Buch schon öfter gehört: Mundl ist ein großer Vorreiter des Prolet-Grants, der zur Wiener Arbeiterschaft gehört wie das Meidlinger L, jener typisch ausgesprochene Konsonant, dem man angeblich die Herkunft aus der Arbeiterschicht anhören kann.

In Wien sind jedenfalls nicht nur die Psychoanalyse, der Tod und die Burenwurst daheim, dort hat man neben der »Philosophie des Eh« auch noch das maximalgrantige »Eh ois Trotteln« (Mundl Sackbauer) erfunden. Dass am Würstelstand freilich nicht nur die aus der Arbeiterklasse granteln, sondern alle Wiener, liegt am demokratischen Wesen der Institution. Egal, ob arm oder reich: Im Grant und am Stand sind alle gleich.

Und so begegnet man dem Grant in Wien an allen Ecken und Enden. Der Schweizer Schriftsteller Robert Stauffer lebt seit 1987 in München. Früher wohnte er 18 Jahre lang in Wien, wo er das typische Alltagsraunzen und Granteln, das »die Leut Ausrichten« kennenlernte. »Ich mochte diese Haltung, besonders als Zaungast und vor allem weil ich's lernen musste, denn von meiner Herkunft, der Deutschschweiz her, galt diese Lüsternheit nach brummen, knurren, schimpfen, schnauzen, grollen, nörgeln, fauchen, bocken, sich empören, meckern, klagen, aufbegehren, auflehnen, mucken, schmollen, schimpfen, als nicht comme il faut. Hier in München, seit 1987, darf ich das wieder.«

Stauffer bestätigt damit einen grantologischen Kernsatz: Die Achse des Grants verläuft mit eherner Gesetzmäßigkeit zwischen den beiden Grant-Hauptstädten Wien und München. Und dazwischen leben viele, viele Grantler: liebenswürdige, charmante, herzensgute Gelegenheits-Grantler, die – es sei an dieser Stelle noch einmal gesagt – nichts, aber auch gar nichts zu tun haben mit jenen Menschen, die immer und ausschließlich missmutig und unleidlich sind und denen man aus Prinzip nichts recht machen kann. So jemanden nennt man in Österreich einen Suderer. Und der gehört eigentlich zum Therapeuten. Denn er ist ein Menschenfeind, der sich selber nicht mag und keine Freude am Leben hat. Der Grant hingegen ist ganz anders. Was übrigens wissenschaftlich belegt ist.

Im Jahr 2010 haben Forscher mit Digitalkameras an Fußgängerübergängen in Österreich das Lächel-Verhalten der Menschen erfasst. Das Ergebnis ist erstaunlich: Im grantigen Wien lächelt fast jeder fünfte Passant, nämlich 19 Prozent. In Salzburg, Klagenfurt und Innsbruck sind es nur je 13 Prozent. Auf dem letzten Platz landete Bregenz in Vorarlberg, mit einem Lächel-Anteil von nur 11,4 Prozent. Womit zweierlei bewiesen wäre: erstens, wo bairische Mundart gesprochen wird, da ist der Grant daheim und da lächeln die Menschen häufiger; im Unterschied zum alemannischen Sprachraum, Vorarlberg etwa, wo der Grant nur »importiert« wurde. Zweitens wäre damit bewiesen, dass Grant glücklich macht.

Was? Zweifel? Na, typisch. Nur ein hoffnungsloser Grantler wie Sie kann auf die Idee kommen, dass solche Lächel-Studien Schwachsinn sind.

Grant auf grünem Rasen

Wissen Sie, was Fußball ist? Blöde Frage! Ist doch klar: »Fußball ist eine Ballsportart, bei der zwei Mannschaften mit dem Ziel gegeneinander antreten, mehr Tore als der Gegner zu erzielen.« Das ist richtig, reicht aber nicht ganz zur Erklärung des Phänomens. Fußball ist nämlich vor allem die 90-minütige atmosphärische Verdichtung elementarer menschlicher Gefühle, die zwangsläufig einhergehen mit Knurren, Zanken, Weinen, Grinsen, Lachen. Oder anders gesagt: Fußball ist Grant auf grünem Rasen. Und zwar nicht erst, seit dieses wunderbare Spiel sich immer mehr in den globalen Machenschaften des großen Gelds zu verlieren droht. Nein, Fußball war vorher schon Grant auf grünem Rasen.

Und zwar fast überall auf der Welt, aber ganz besonders in Baiern. Es sei an dieser Stelle noch einmal daran erinnert, dass dieses Baiern grantologisch bis nach Wien hinunterreicht. Das wird jeder bestätigen, der schon einmal im Gerhard-Hanappi-Stadion war und den unzufriedenen Fans beim Raunzen und Granteln zugehört hat, weil Rapid Wien wieder einmal unterirdisch schlecht spielt und nicht einmal gegen die Sportvereinigung Mattersburg gewinnen kann. Das soll natürlich nicht bedeuten, dass der Rapid-Grant immer nur aus purem Herumschimpfen besteht, denn auch fürs Knurren und Zanken sind die Fans in Grün-Weiß bestens bekannt. Und nicht nur die Fans. Auch mancher Spieler und Trainer hat sich in den Grant-Disziplinen einen Namen gemacht.

Max Merkel zum Beispiel, ein gebürtiger Wiener, der einst

über ein Zeitungsinserat zur Jugendmannschaft vom SK Rapid kam, um später ein erfolgreicher Verteidiger und ein noch erfolgreicherer Trainer zu werden. Einer, der stets mit Zuckerbrot und Peitsche und einem gepflegten Wiener Grant arbeitete. Merkels Sprüche waren so legendär wie gefürchtet. Kein Wunder, Merkels Devise war gnadenlos: »Spieler vertragen kein Lob. Sie müssen täglich die Peitsche im Nacken fühlen.« Wen der Grantulus maximus im Visier hatte, der musste sich warm anziehen. Über Österreichs Ex-Nationaltorhüter Friedl Koncilia meinte er nur: »Der sollte von der Innsbrucker Universität ausgestellt werden. Einen Menschen mit so wenig Hirn gibt's ja net.« Über den Bayern-Stürmer Bruno Labbadia: »Das Intelligenteste an Labbadia ist sein Weisheitszahn.« Über Mario Basler: »Basler ist die teuerste Parkuhr der Welt. Er steht rum und die Bayern stopfen Geld rein.« Und über den FC-Bayern-Verteidiger Hansi Pflügler: »Lieber zehn Minuten Maradona beim Autowaschen zuschauen, als 90 Minuten Pflügler auf dem Fußballplatz.«

Auch Trainerkollegen wie Otto Rehhagel bekamen ihre Extraportion Grant ab. Von ihm behauptete Merkel: »Früher hatte er Mühe, Omelett von Hamlet zu unterscheiden.« Oder Udo Lattek, dem »haben sie das Blut abgenommen. Ergebnis: Reiner Alkohol, verschmutzt durch rote Blutkörperchen«. Alkohol schien damals überhaupt ein Thema im Fußball zu sein, wenn man Max Merkel glauben darf: »Im Training habe ich mal die Alkoholiker meiner Mannschaft gegen die Antialkoholiker spielen lassen. Die Alkoholiker gewannen 7:1. Da wars mir wurscht. Da hab i gsagt: Saufts weiter.« Auch Max Merkels Spielkritiken konnten mitunter vernichtend sein: »Da schau ich lieber meiner Frau beim Staubsaugen zu. Das ist spannender.«

Sollte noch irgendjemand Beweise für das kreative, sprachschöpferische und kulturschaffende Potenzial des Grants suchen? Bitte, da sind sie; und man könnte die Liste der Merkel-Zitate ohne Probleme verlängern, würde damit aber eventuell Merkels Lieblingsgegner zu kurz kommen lassen, der als gebürtiger Wiener ebenfalls in Hütteldorf beim SK Rapid groß geworden ist: Ernst Happel. Er war der wohl erfolgreichste Spieler Österreichs und konnte obendrein als Trainer auf internationaler Bühne Ruhm und Titel einfahren. Wie Merkel war auch er ein genialer Grant-Darsteller. Im Jahr 1978 – Happel war mit Holland gerade Vizeweltmeister geworden – hatte ihn die Königin zum Empfang geladen, dabei allerdings warten lassen. Happel wurde ungeduldig und soll den kleinen niederländischen Prinzen Willem Alexander gefragt haben: »Wann kommt denn endlich die Omama? Sag ihr, ich hab' wenig Zeit, ich muss nach Velden ins Casino!«

Auch lästige Journalisten bekamen gelegentlich ihre Abreibung auf Wienerisch: »Haut's eich in Schnee!« Privat soll er sehr umgänglich gewesen sein, öffentlich aber war Happel schonungslos grantig: »Ich halte mich für autoritär«, gestand der Meister-Trainer aus Wien, Hauptsache »die Spieler wissen, wer der Chef ist.« Als einer seiner Stars das Gespräch mit dem Coach suchte, entgegnete Happel: »Wann's red'n wollen, müssen's Staubsaugervertreter werden. Ich brauche nur Fußballer.«

Grant hat in österreichischen Stadien Tradition; heute umso mehr, da der österreichische Fußball nicht mehr ganz das ist, was er einmal war. Ach ja früher, als noch ein Pepi Uridil sieben Tore für Rapid erzielte – in einer einzigen Partie! Das war 1921. Fußballgeschichte. Legendär. Ein Jahr später setzte man dem fülligen Stürmer aus Ottakring, genannt »der Tank«, sogar ein musikalisches Denkmal: *Heute spielt der Uridil* hieß der Foxtrott, den Hermann Leopoldi eigens schrieb. Jener berühmte Leopoldi, der als Erfinder von Wienerliedern und Chansons 1938, dem unseligen Jahr des Anschlusses Österreichs an Nazi-Deutschland, erst in das KZ Dachau und dann ins KZ Buchenwald deportiert wurde. Dort komponierte er später den *Buchenwald-Marsch*, zu dem der Librettist Fritz Löhner-Beda den Text schrieb: »O Buchenwald, wir jammern nicht und klagen, und was auch unser Schicksal sei, wir wollen trotzdem Ja zum Leben sagen, denn einmal kommt der Tag, dann sind wir frei.« Hermann Leopoldi kam frei, Fritz Löhner-Beda nicht. Er wurde am 4. Dezember 1942 in Auschwitz ermordet.

Auch Fußballkünstler wurden Opfer des braunen Spuks. Wer heutzutage durch den ersten Wiener Gemeindebezirk spaziert, kann an einem der alten Barockhäuser Spuren eines Ballartisten finden. In der Annagasse 3 hängt die Gedenktafel, die verrät, dass hier der Wiener Fußballkönig Mathias Sindelar von der Austria Wien in der Nacht zum 23. Jänner 1939 unter ungeklärten Umständen gestorben ist. Oder gestorben wurde. Sindelar, der wegen seines trickreichen und körperlosen Spiels liebevoll ›der Papierene‹ genannt wurde, lag kurz nach dem Anschluss Österreichs samt seiner jüdischen Freundin tot in deren Wohnung. War es Mord? Oder Selbstmord? Die Akte Sindelar ist nach dem Krieg seltsamerweise verschwunden. Gerüchte und Spekulationen um den Tod des Papierenen halten sich bis heute.

Und eisiger Grant befällt einen, wenn man bedenkt, dass es – nicht nur in Fußballstadien, und nicht nur in Wien, aber eben auch dort – immer noch Menschen gibt, die braune Parolen verbreiten. Dummheit stirbt offenbar nie aus. Wie sagte schon der Fußballphilosoph und Kaiser Franz Beckenbauer: »Die Menschen kann man sich nicht immer aussuchen.«

Die Bibel für Beckenbauer-Begeisterte, *Das Buch Franz. Botschaften eines Kaisers*, kennt noch ganz andere Weisheiten. Zum Beispiel: »Also ganz ehrlich, mir reichts jetzt mit diesem Heer der

Besserwisser und Wichtigtuer.« Ein Grant-Satz von zeitloser Schönheit und kristalliner Prägnanz. Universell einsetzbar, elegant, ballsicher. Denn kürzer und treffender kann man es kaum sagen. Wäre dieser Satz am 10. März 1998 gefallen, es wäre – in nur zehn Sekunden – alles gesagt gewesen. Und alles verdorben. Denn die Welt hätte eine der ganz großen Grant-Opern verpasst: *Don Giovanni* mit dem Grante-Gigante Trappatoni als Tenor. 3 Minuten 30 Sekunden lang – eine Sternstunde des Bel-Granto, nicht zuletzt wegen der wunderbaren Arien »Was erlauben Strunz ...«, »Ein Trainer nicht ein Idiot...«, »Schwach wie eine Flasche leer« und »Ich habe fertig«.

Das ist und bleibt unerreicht. Und was die Grantiosität angeht – da können höchstens die Reden eines Uli Hoeneß mithalten, der erst als Manager, dann als Präsident des FC Bayern, gern mal bei der Jahreshauptversammlung die eigenen Fans beschimpft. Mal soll zu Hause bleiben, wer den Kauf des neuen Torhüters nicht gut findet: »Neuer hat nicht nur gute Fäuste, er hat auch ein großes Hirn, und da hat es Spieler hier gegeben, die nicht so gesegnet waren.« Ein andermal geißelt Hoeneß jene Nostalgiker, die von der guten alten Fußballwelt träumen und am liebsten in der Regionalliga spielen würden. Dann sind es die 7-Euro-Stehplatz-Hungerleider aus der Südkurve, die eins drüberkriegen: »Was glaubt ihr, wer euch alle finanziert? Die Leute in den Logen, denen wir die Gelder aus der Tasche ziehen.« Besonders schön ist dieser Wer-zahlt-schafft-an-Grant, wenn ihn Hoeneß mit einem geschätzten Blutdruck von 220 zu 178 seinen Zuhörern wie einen Tornado um die Ohren pfeifen lässt. In Verbindung mit der Empfehlung: »Dann müsst ihr euch einen Verein suchen, der demnächst in der dritten Liga spielt.«

Es ist das gute alte »Geh doch rüber«, jener Grant-Klassiker aus der Ära des Kalten Kriegs, mit dem der bekennende CSU-

Wähler Uli Hoeneß gern seine Gegner peitscht. Mit rüber ist allerdings nicht mehr – wie früher – die DDR gemeint, sondern der TSV 1860 München. Was aber ungefähr auf dasselbe rauskommt. Denn die Löwen sind, aus der Warte eines Uli Hoeneß betrachtet, die Schmuddelkinder des Münchner Fußballs: die da drüben, auf der anderen Seite der unsichtbaren Mauer, die sich mitten durch München zieht und ganze Familien auseinanderreißt. Es ist eine Mauer des Grants, die die Stadt teilt und Sechzig von Bayern trennt – zwei Mythen, zwei Archetypen, zwei Welten. Nur vor diesem Hintergrund ist zu verstehen, wenn zum Beispiel Löwenfans in der U-Bahn singen: »Sechzig ist die schönste Stadt der Welt.« Warum nur, mag sich da ein neutraler Beobachter fragen. Die Antwort ist klar: Sechzig ist die Hauptstadt des Grants.

Der eben schon erwähnte Philosophenkaiser Franz spielte als 13–jähriger Giesinger Bub beim SC 1906 München und wollte eigentlich zum TSV 1860 München wechseln. Weil er aber von einem Löwenspieler auf dem Fußballplatz eine Watschn bekommen hatte, ging er – voller Grant auf die Weiß-Blauen – zum FC Bayern. Eine oft erzählte Geschichte und ein folgenschwerer Schritt, wie Beckenbauer in seinen Erinnerungen schreibt: »Als später einmal ein Heizungsmonteur in mein Haus kam, um eine defekte Leitung herauszureißen und eine neue einzubauen, also ein hübsches Geschäft für ihn, da sah er meine Sporttasche. Er fasste sich an den Kopf und rief: ›Sind Sie der Fußballer Beckenbauer, der vom FC Bayern?‹ Ich bestätigte es in der stillen Hoffnung, er würde nun noch besser arbeiten. Doch er packte sein Handwerkszeug wieder ein: ›Bei einem Bayern arbeite ich nicht, ich bin Sechziger.‹«

Wir wissen nicht genau, ob bei Beckenbauer seither eine Leitung defekt ist. Tatsache jedoch ist, dass zwischen Bayern und Sechzig nicht nur installationstechnisch Welten liegen. Das war schon immer so. Auf unselige Weise auch in den 1920er- und 30er-Jahren, als 1860 ein nationalsozialistischer Vorzeigeverein war, in dem NSDAP- und SA-Leute die hohen Ämter übernahmen, während der damals schon erfolgreiche FC Bayern als Judenclub galt, der viele jüdische Mitglieder hatte, teils in leitender Funktion, was die Braunen dem Verein nie verziehen. Auch lange nach dem Krieg hielten sich die Gegensätze zwischen Löwen und Bayern. Viele Klischees wurden bedient: Arbeiterverein gegen Schickeria. Underdogs gegen Großkopferte. Kämpfer gegen Zauberer. Masochisten gegen Macher. Klischees eben; und doch steckt immer ein Körnchen Wahrheit drin. Denn wo die FC Bayern AG mit der Präzision einer ballspielenden Gelddruckmaschine das Prinzip Erfolg und Show verkörpert, da steht für 1860 München seit Jahrzehnten das Prinzip Grant. Während Uli Hoeneß sein »Unternehmen der Unterhaltungsbranche« als »eine Marke wie Adidas, Boss, Coca Cola oder Jil Sander« auf Hochglanz polierte, taumelte Sechzig zwischen Größenwahn und Selbstverdammnis, zwischen Bayernliga und Championsleague. Wobei der echte Löwenfan eindeutig am meisten Freude hat, wenn er bei null Grad und Graupelschauer in seinem geliebten Grünwalder Stadion – der ewigen Heimstatt des Grants – zwischen weiß-blauen Fahnen nichts vom ohnehin langweiligen Fußballspiel zu sehen bekommt; außer jenen Gegentreffer in der 89. Minute, der die Gastmannschaft vom SV Meppen zum unverdienten 2:1-Sieg führt. Dann singt er trotzig seine weißblauen Grant-Mantras: *Kämpfen, Löwen, kämpfen* oder *Einmal Löwe, immer Löwe.*

Während woanders die Zuschauer mit ihren goldenen Kreditkarten klappern und die Stimmung vom Band kommt oder vom Alleinunterhalter, der mit Bluthochdruck in die Bütt steigt, tobt bei den Sechzgern immer das Leben. Denn der Blues ist weiß-blau und der Grant stets ein Löwe. Genau deshalb freuen wir uns schon wieder auf die nächsten wunderbaren, einzigartigen Aufführungen unseres Giesinger Grant-Theaters, jener allseits verehrten Vorstadtbühne, die mit Leidenschaft und dramaturgischem Geschick noch jedes Märchen aus Tausendundeiner Nacht in eine antike Tragödie verwandeln konnte.

Der Grantler als Misanthrop – und wie man ihn vielleicht kurieren kann

Manchmal hat der Grant seine Tage. Dann hat er selbst den Grant. Es herrscht also Grant hoch zwei, und der Grantler mag sich selbst nicht mehr; von der Welt gar nicht zu reden. In solch einem Zustand hält der Grantler sogar Friedrich Nietzsche für einen rührseligen, optimistischen Scharlatan, und Arthur Schopenhauer für ein philosophisches Weichei. Allenfalls Schopenhauers Einschätzung der meisten Mitmenschen als »Fabrikware der Natur« mit »der normalen Ration von drei Pfund groben Gehirns« würde der Grantler vielleicht gerade noch teilen. Sonst aber nichts. Schlägt er an solchen Tagen im Kaffeehaus die Zeitung auf und liest im Wissenschaftsteil, dass neuesten Forschungen zufolge der moderne Mensch niemals seinem Vorfahren, dem Homo erectus begegnet sei, dann legt er die Zeitung beiseite, blickt zum Nachbartisch hinüber und murmelt: »Von wegen.«

Und das ist durchaus nicht lustig gemeint, denn an solchen Tagen hat der Grant seine Fähigkeit zu lachen gänzlich verloren. »Was soll der ganze Scheiß?«, fragt er sich desillusioniert: »Nicht geboren zu sein – was gäb's eigentlich Besseres.« Aber wo das Malheur nun schon mal passiert ist, muss der Grantler das Beste draus machen. Und was ist das Beste? Ganz einfach: Fundamental-Grant. Der ist allerdings eine echte Zumutung für die Umwelt. Der Baier würde sagen, es handelt sich um ein »Gschiss de luxe«, also um eine außergewöhnliche Unannehmlichkeit. Denn der Fundamental-Grantler wird in seinem entrückten Zustand durchaus zum gesellschaftlichen Problem. Nicht nur, weil man solch fatalistischen Leuten natürlich keine Jogging-Klamotten oder Wellness-Wochenenden oder Wohlfühl-Diäten mehr verkaufen kann, weshalb Fundamental-Grantler in der Welt der Waren zu Recht einen sehr schlechten Ruf haben.

Vor allem aber ist er an solchen Tagen für seine Angehörigen schwer zu ertragen, weil er sich nicht selten in einen wehleidigen Weltschmerz hineinstürzt, der zeitweise in sanfte Wahnvorstellungen mündet. So meint der Grantler etwa, er sei sterbenskrank und niemand könne ihm mehr helfen; am allerwenigsten diejenigen, die es wohlmeinend versuchen, also Ärzte, Apotheker, Verwandte, Freunde etc. Noch schlimmer sind ihm nur diejenigen, die behaupten, er sei gar nicht sterbenskrank, er habe nur eine Erkältung oder Blähungen oder so was. Diese Leute hat der Grantler gfressen; und zwar aufm Kraut. Diese scheinheilige Bagage, diese Erbschleicher und Besserwisser, die ihm klugscheißerisch und bildungsbürgerlich mit Molières Argan daherkommen. Ausgerechnet mit Molière, der kurz nach der Aufführung seiner Komödie *Der eingebildete Kranke* selber gestorben ist; noch im Kostüm des traurigen Helden Argan, den er selbst gespielt hat. »Also hören's mir nur auf mit diesem Molière.«

Wie aber kuriert man nun so einen Fundamental-Grantler? Es gibt verschiedene Möglichkeiten. Erste Variante: Man quäle den Grantler mit Evolutionstheorien, um ihm klarzumachen, dass sich der Mensch vor langer, langer Zeit quasi über Nacht vom Eigenbrötler zum Gruppenwesen entwickelt hat. Und dass er deshalb – egal ob als Pärchen, in der Kleinfamilie, im Harem oder im Genossenschaftsbau – immer mit anderen Menschen zusammenleben müsse, weil das am Ende viel besser sei als ganz allein durch die Savanne zu traben. Und wenn er nicht über Nacht wieder zum Eigenbrötler werden wolle, wäre es sinnvoll, sich endlich zusammenzureißen und die Umwelt nicht weiter mit seinem Fundamental-Grant zu quälen. »Sonst Savanne. Host mi.«

Kritik: Die Variante klingt unter Umständen wirkungsvoller als sie ist. Und sie birgt ungeahnte Risiken. Es könnte nämlich sein, dass Ihr Fundamental-Grantler seinen Tropenhelm aus dem Keller holt und den Savannen-Rucksack packt. Und schon ist er weg.

Zweite Variante: Sie gehen mit dem Fundamental-Grantler ins Theater und schauen sich Molières *Der Menschenfeind* an. Oder Ferdinand Raimunds *Der Alpenkönig und der Menschenfeind*. Vielleicht wird er ja beim Anblick von Alceste, dem verbitterten, selbstquälerischen Ankläger der Menschheit kuriert? Oder beim Auftritt des Herrn von Rappelkopf, jenem unzufriedenen, galligen, argwöhnischen und misstrauischen Misanthropen.

Kritik: Vorsicht: Es könnte sein, dass Ihr Grantler an den falschen Stellen im Stück aufspringt und »Bravo« schreit.

Dritte Variante: Bleiben Sie mit Ihrem Fundamental-Grantler zu Hause und bestärken Sie ihn in der Meinung, dass die Menschen allesamt verlogen, gewalttätig, betrügerisch, hinterfotzig, und bösartig sind. Und dass es viel ungefährlicher ist, einen Braunbären zu kitzeln oder ein Krokodil am Schwanz zu packen als in einer überfüllten Fußgängerzone zwischen Menschen herumzulaufen. Bestätigen Sie seine Anschauung, dass Fortschritt überhaupt nicht möglich ist und dass Wissenschaftler Schwachköpfe sind, die viel zu viel Geld dafür einstreichen, sinnlose Dinge zu erforschen oder Selbstverständlichkeiten herauszufinden. Zum Beispiel, dass alle heutigen Menschen vom Neandertaler abstammen. Sagen Sie Ihrem Grantler anerkennend, dass er so was auch ohne Gentests herausgefunden hätte. Nur per Augenschein, einfach so: alles Neandertaler. Sollten Sie bemerken, dass diese Variante fruchtet, weil eine leichte Beruhigung des Patienten eintritt, so decken Sie ihn fürsorglich zu, machen Sie ihm Wadenwickel und lesen Sie ihm aus den Werken des rumänisch-französischen Philosophen Emil Cioran vor: zum Beispiel *Die verfehlte Schöpfung* oder *Auf den Gipfeln der Verzweiflung*. Noch besser wären Ciorans Gedanken und Aphorismen mit dem Titel *Vom Nachteil, geboren zu sein*. Düsterer gehts nicht mehr, und Sie werden schnell merken, wie die bittere Medizin hilft. Aus Ihrem weltverneinenden Fundamental-Grantler wird bald schon wieder ein ganz normaler, fröhlicher – Durchschnitts-Grantler.

Kritik: Sollte auch das nicht fruchten, bleibt nur noch die Hoffnung auf den ultimativen Grant-Grundsatz, der da lautet: »Wenn alle Stricke reißen, häng' ich mich auf.«

Dank in den Grant: Ein kurzweiliges Gesellschaftsspiel (geeignet für einen oder mehrere Spieler)

Der Grantler ist in der Regel ein autonomes Wesen; er ist im hohen Maße selbstständig und als Persönlichkeit unabhängig. Zumindest wenn er grantelt. Denn in solchen Situationen pflegt er eine Kommunikationsform, die ihm Gelegenheit gibt, wenigstens einmal am Tag – meist jedoch viel häufiger – mit einem vernünftigen Menschen zu reden; nämlich mit sich selbst. Das Dampf ablassen im Selbstgespräch hat den tieferen Sinn, nicht komplett den Verstand zu verlieren angesichts des Wahnsinns, der tagtäglich um einen herum tobt. Grant ist also immer auch Selbstschutz. Und er ist selbstreferenziell. Selbstreferenzialität, sagt der Soziologe und Wissenschaftstheoretiker Niklas Luhmann, bezeichnet die Fähigkeit jedes lebendigen Systems, einen Bezug zu sich selbst in Abgrenzung zur Umwelt herzustellen. Der Grant als System stabilisiert auf diese Weise also sich selbst und bestimmt, wo die Grenze zu seiner Umwelt verläuft.

An manchen Tagen ist diese Grenze recht eng gesteckt. Dann ist der Grantler verschlossen und rigide; er nimmt kaum Kontakt zur Außenwelt auf und begnügt sich damit, sich selbst beim Granteln zuzuhören. Meist sind das Tage, an denen der Ischias zwickt, der Dackel ums Verrecken nicht folgt und das Alter in seiner ganzen kosmetischen Bedürftigkeit schon frühmorgens aus dem Badezimmerspiegel blickt. Es sind jene Tage, an denen der

Grantler vor die Haustür tritt, um als Erstes zu sehen, wie schon wieder irgendein Sport Utility Vehicle (SUV) den Gehweg zuparkt. Er geht fluchend drum herum und just in dem Moment brettert ein Mountainbiker das Trottoir entlang, um den Grantler samt Dackel an die Hauswand zu drücken. Der Tag ist gelaufen, bevor er begonnen hat. Der Grantler wird laut vor sich hin schimpfen: »Seids es denn lauter Deppen?« Und niemand wird ihm eine Antwort geben; er hat auch keine erwartet. Die Selbstreferenzialität seines Grants dient also nur dazu, sich und sein eigenes Grant-System zu stabilisieren und seine Grantität – das heißt seine Würde und Identität als Grantler – so gut wie möglich zu bewahren.

An besseren Tagen freilich, wenn es mit der Grantität wieder einigermaßen läuft und der Sportsgeist erwacht, wird der Grantler Kontakt zur Außenwelt aufnehmen. Denn immer nur allein vor sich hin zu granteln, ist auf Dauer ja auch langweilig. Deshalb übrigens hat der Mensch das Spiel erfunden. Das Spiel, sagt der berühmte niederländische Historiker Johan Huizinga, schafft Kontakt und Kultur, ist allerdings häufig verbunden mit Aggression und Rivalität. Weshalb gerade der Grant prädestiniert dafür ist, als kurzweiliges Spiel dem Menschen Abwechslung und Vergnügen zu bieten. Er ist zwar nie »so gemeint«, steht also außerhalb des gewöhnlichen Lebens, wird jedoch stets mit großer Ernsthaftigkeit betrieben. Das weiß niemand besser als der Grantler selbst.

Was Johan Huizinga in seinem berühmten Buch *Homo ludens* über das Spiel schreibt, gilt in weiten Teilen auch für den Grant: Man kann ihn fast überall spielen. Egal ob Arena, Spieltisch, Tempel, Bühne oder Gerichtshof, schreibt Huizinga: »Sie alle sind Spielplätze, das heißt geweihter Boden, abgesondertes, umzäuntes, geheiligtes Gebiet, in dem besondere eigene Regeln gelten. Sie sind zeitweilige Welten innerhalb der gewöhnlichen Welt, die zur Ausführung einer in sich abgeschlossenen Handlung dienen. Innerhalb des Spielplatzes herrscht eine eigene und unbedingte Ordnung.« In unserem Fall also die ungeschriebene Grant-Ordnung.

Was sagt uns diese Ordnung? Zum Beispiel Folgendes: Grant muss nicht unbedingt als Wettkampf zwischen zwei streitenden Grantlern stattfinden. Er kann auch wie ein Tanz, ein Aufzug, ein Bühnen- oder Musikstück gemeinsam dargeboten werden. Zwar wetteifern sie auch dabei miteinander, aber sie bekämpfen sich nicht, sondern spielen sich gegenseitig die Bälle zu, in der Hoffnung, dem Publikum eine gute Show zu bieten. Was häufig gelingt. Die Kabarettistin Monika Gruber antwortete in einem Interview auf die Frage, was Münchner besser als andere Menschen können: »Sich selber optisch und akustisch inszenieren, bei Kurzauftritten am Viktualienmarkt oder in ihrem Stammlokal; und zwar besser, als es jeder Regisseur könnte.« Dem ist nichts hinzuzufügen. Außer vielleicht, dass das natürlich nicht nur für Münchner, sondern für Baiern insgesamt gilt. Und wer jemals mit einem Standlbesitzer auf dem Wiener Naschmarkt über die Widrigkeiten des Daseins philosophiert hat, der weiß, dass diese Art der Selbstdarstellung keineswegs nur in Bayern möglich ist.

Grant ist ein Theaterstück auf der Bühne des Lebens. Oder auch ein Stück Leben auf der Bühne des Theaters. Die Übergänge sind fließend. Wie viel Gerhard Polt steckt in einer Polt-Figur auf der Bühne? Wieviel Christian Springer in Fonsi, dem grantelnden Kassierer von Schloss Neuschwanstein? Oder andersherum, wie viel polternder Franz Josef Strauß steckt eigentlich in einem Helmut Schleich? Verwechslungen mit dem richtigen Leben sind nie ganz auszuschließen, wenn das Theaterstück namens Grant aufgeführt wird. Gerhard Polt hat in einem Zeitungsinterview einmal von einem besonders groben Missverständnis erzählt:

> **Ich spielte mal am Fernsehen einen Verkäufer der *Nationalzeitung*; das ist das Blatt der rechtsradikalen NPD. »Sie müssen einmal diese Zeitung lesen«, brüllte ich. »Man kann den Holocaust nicht nur aus der Sicht der Juden sehen, sondern man muss das auch mal aus der Sicht der SS-Leute sehen. Weil die ja schließlich auch dabei waren.« Tags darauf kam ein Nachbar mit einer Sektflasche daher und sagte: »Also das find ich toll, dass du dich das im Fernsehen zu sagen traust und dazu noch beim Dieter Hildebrandt, dieser roten Sau.«**

Dazu fällt einem natürlich nicht mehr allzu viel ein. Außer vielleicht, dass man für jedes Spiel ein bisserl Rest-Hirn braucht. Auch für das Grant-Spiel.

Wenn der Grant in Einzelfällen die Form eines echten Wettkampfs annimmt, wird er zu einer Art Battle-Rap für Grantler. Dessen Wurzeln reichen weit zurück; der Kulturhistoriker Huizinga widmet in seinem *Homo ludens* den sogenannten Schimpfturnieren sogar ein eigenes Kapitel. In China, in Altarabien, bei den Griechen und den Germanen – überall gab es Wettkämpfe um die Ehre. In Schimpfwettstreiten und Schmähreden wurden freche Spottlieder, böse Scherze und saftige Beleidigungen ausgeteilt, dass es nur so krachte. Nur zu einem Handgemenge sollte es dabei bittschön nie kommen. Denn es ist ja nur ein Spiel.

Wie aber geht dieses Spiel? Die Eröffnung erfolgt in der Regel ›dant‹ (bairisch für unmittelbar), das heißt, sie sollte sein wie ein guter Aufschlag beim Tennis. Kurz, hart und gezielt gesetzt, damit der Gegner möglichst nicht mehr rankommt. Der wiederum versucht natürlich seinerseits, den Ball möglichst schnell und sauber zu retournieren. Gelingt das, ist mit einem flotten Schlagabtausch zu rechnen.

In höher entwickelten Grant-Gesellschaften wird dieses Spiel gern zum Vergnügen und zur Entspannung gespielt. Einen tieferen Sinn hat es nicht; aber das Grant-Spiel ist gut für die Entwicklung von Körper und Geist. Es fördert die sprachlichen und kognitiven Fähigkeiten der Spieler, festigt Hirn, Nerven und Charakter. Dabei folgt es gewissen Handlungsabläufen und Regeln, die allerdings nur locker festgelegt und daher für Nicht-Eingeweihte manchmal etwas schwer zu durchschauen sind. So erkennen diese das Spiel oft nicht als solches. Sie halten für das wahre Leben, was in Wirklichkeit nur dem Gaudium der Kombattanten dient. Was wiederum nicht missverstanden werden darf: die Spieler nehmen ihr Match nämlich sehr ernst.

Am besten begeben wir uns auf einen Center-Court und betrachten so ein Grant-Slam-Turnier aus der Nähe. Freitagnachmittag 16 Uhr, ein schwüler Tag im Mai. Satte Gewitter sind im Anzug, Spannung liegt in der Luft. In einem nicht näher zu benennenden Münchner Museum observiert ein gewichtiger Museumswärter, der auch als Justizvollzugsbeamter im Hochsicherheitstrakt einer JVA bella figura machen würde, argwöhnisch seine Kundschaft. Der Mann gibt vor, von Amts wegen dafür zu sorgen, dass niemand zu nah an die wertvollen Gemälde herantritt. Was freilich nur ein Vorwand ist, denn in Wirklichkeit sucht der Museumswärter nach einem satisfaktionsfähigen Grant-Partner. Was in dieser Umgebung allerdings gar nicht so einfach ist, weil all die japanischen und amerikanischen Touristen des Grant-Spiels nicht mächtig sind und daher niemals auf eine geschickt lancierte Grant-Eröffnung des Wärters eingehen würden.

Dabei hätte der arme Mann eine Partie Grant dringend nötig. Nach einer langen Woche des Auf- und Ab-Tigerns im Kulturkäfig bleibt ihm nur die Aussicht auf ein baldiges Gewitter und andauernden Wochenendregen, der den lang ersehnten Biergartenbesuch buchstäblich ins Wasser fallen lässt. Wer hätte kein Verständnis dafür, dass der Mann etwas Abwechslung in Form einer klitzekleinen Grant-Partie braucht? Die Frage ist nur: mit wem? Der korpulente Wärter blickt ungeduldig auf die Uhr. Mit dem Zeigefinger seiner Rechten fährt er das Doppelkinn hinunter bis zum eng anliegenden Hemdkragen, den er mit einer ziehenden Bewegung nach außen etwas weitet, während er den Kopf zur Seite dreht und dabei leicht angewidert dreinschaut. Es ist schwülwarm: 16 Uhr 10.

In jenem Moment kommt unverhofft ein nicht mehr ganz junger bairischer Mensch um die Ecke – weltoffen und kulturinteressiert – auf der Suche nach einem bestimmten Maler, den wir an dieser Stelle einfach mal Meister Pinot Grigio nennen wollen und der der temporären Kunstausstellung ihren wohlklingenden Namen verliehen hat. Leider stellt sich heraus, dass von den 30 gezeigten Bildern nur ein einziges dem Pinsel jenes berühmten Pinot Grigio entsprungen ist, der auf den Plakaten so vollmundig angekündigt wird. Der bairische Besucher läuft deshalb leicht irritiert durch die Räume des Museums und grantelt sich langsam warm, indem er ganz leise irgendetwas von »Beschiss« und »Hochstaplerei« murmelt. In diesem nicht ganz spannungsfreien Augenblick trifft er auf den Wärter, der natürlich sofort seine Chance erkennt und klassisch eröffnet. Mit maximaler Unfreundlichkeit in der Stimme sagt er: »Eintrittsmarke!«

Der Besucher blickt kurz auf, erkennt die Situation und nimmt die Eröffnung an. Er kontert mit einem Grant-Gambit, also einem strategisch motivierten Scheinopfer. Das heißt konkret, er stellt sich erst einmal dumm, um Zeit zu gewinnen, und zeigt dann sein Papierbillet. An die blecherne Marke, die sich jeder Besucher ans Sakko zu klemmen hat, scheint er gar nicht zu denken.

Daraufhin der Wärter: »Markerl hab ich gsagt!«

Der Besucher deutet auf das Revers seines Sakkos und retourniert, mittlerweile auch maximal unfreundlich: »Da ist es doch!«

Das Grant-Spiel ist eröffnet; schnell nimmt es Fahrt auf. Es geht Schlag auf Schlag;

Wärter: »Sichtbar drong!« (auf deutsch: »Sichtbar tragen«)

Besucher: »Bruin kauffa!« (meint: »Kaufen Sie sich eine Brille«)

16 Uhr 15: Das Spiel ist voll im Gange. Mehrere Salven von gemurmelten, gemoserten, gebrumpfelten und dahingepulverten Unfreundlichkeiten werden von beiden Seiten quer durch den Raum gefeuert. Das Ganze erinnert an eine Seeschlacht, bei der sich die Galeeren langsam umkreisen, bevor sie sich endgültig ineinander verhaken. Das harmoniebedürftige japanische und amerikanische Kunstpublikum, das um die Kombattanten herumsteht, ist zutiefst verstört von den knallharten Ballwechseln in diesem bairischen Grant Slam. Ein, zwei Minuten geht das so dahin. Dann kommt das *Finale grante.*

Wärter: Sie können sich ja ins Beschwerdebuch eintragen.

Besucher: So weit kommts noch. So was wie Sie ignorier ich doch noch nicht einmal.

(Abweisende Handbewegungen. Beide gehen ab. Vorhang.)

16 Uhr 20. Das Grant-Spiel ist beendet. Keiner hat Schaden genommen. Keiner wurde verletzt. Keiner prozessiert. Und beide

Spieler konnten später im Kreise ihrer Lieben eine gepfefferte Nachbereitung des Matches auftischen, was mindestens noch einmal eine halbe Stunde feinste Abendunterhaltung liefert. Und das ist doch allemal besser, als Frau und Kinder zu schlagen. Oder den Fernseher einzuschalten. Womit die zivilisierende Wirkung des Grant-Spiels wieder einmal bewiesen wäre.

Des Pudels Kern, ein Dackel: Tierischer Grant

»So ein Tier ist mehr wert als ein Mensch!« (Mundl Sackbauer in *Ein echter Wiener geht nicht unter*)

Zugegeben, Grantler können sich über Hundescheiße auf dem Trottoir maßlos aufregen. Auch über Taubenkacke am Balkon. Sie giften sich mitunter so sehr darüber, dass vor ihrem inneren Ohr ein Wiener Walzer ertönt und der Gesang des herrlich makabren Georg Kreisler dazu: »Wir sitzen zusam' in der Laube/ Und a jeder vergiftet a Taube, / Der Frühling, der dringt bis ins innerste Mark / Beim Tauben vergiften im Park.« Insgeheim, an ganz dunklen Tagen denkt sich der Grantler beim Hören dieses Liedes: »Warum eigentlich immer nur Tauben?«

Aber nein, bitte, um Gottes willen, nicht doch ... Wo denken Sie hin? Keinesfalls hat es unser Grantler auf die armen Hunderl abgesehen ... Trottoir hin, Hundstrümmerl her. Schließlich ist er ja ein großer Tierfreund, unser Grantler, quasi aus Tradition. Wie bereits erwähnt, sehnten sich schon seine Vorfahren, die Kyniker, nach einem naturnahen Hundeleben. Und Arthur Schopenhauer, der Chefgrantler des 19. Jahrhunderts, fragte sich und seine Artgenossen: »Woran sollte man sich von der endlosen Verstellung, Falschheit und Heimtücke der Menschen erholen, wenn die Hunde nicht wären, in deren ehrliches Gesicht man ohne Misstrauen schauen kann?«

Schopenhauer selbst hatte einen Pudel namens Atman, was auf Sanskrit so viel wie Seele bedeutet. Der Rufname des Tieres war aber – gut hessisch: Butz. Mit seinem Butz ging Schopenhauer stundenlang durch Frankfurt am Main. Der Philosoph redete pausenlos auf das arme Tier ein. Nach etwa zwölf Jahren hatte er den Pudel kaputt geredet. Dann kaufte er sich einen neuen. Der hielt wieder ungefähr zwölf Jahre. In seinem Denken stark vom Buddhismus beeinflusst, glaubte Schopenhauer an die Seelenwanderung. Er war fest davon überzeugt, dass es im Kern immer derselbe Pudel sein musste, auf den er einredete. So machte der arme Butz eine Seelenwanderung nach der anderen durch. Aber irgendwann einmal muss bei diesem Re-butzing-Verfahren etwas schiefgelaufen sein. Denn aus Butz wurde – was für ein Albtraum für Schopenhauer – ein Mensch. Woher wir das alles wissen?

Nun, es muss so gewesen sein. Denn wie sonst wäre zu erklären, dass 17 Prozent aller Deutschen schon einmal gelebt haben, jeder fünfte davon als Tier. Nun gut, die empirische Basis ist nur bedingt tragfähig, denn die Zahlen basieren auf Eigenangaben der Wiedergeborenen und sind das Ergebnis einer Zeitungsumfrage. Der zufolge glauben 15 Prozent unserer bundesdeutschen ›Wiedergeburten‹, dass sie im früheren Leben ein Löwe, ein Adler oder ein anderes großes Tier gewesen sind. Immerhin fünf Prozent sehen sich realistischerweise als Ex-Maus oder frühere Ameise. Der genaue Anteil von ehemaligen Pudeln wurde leider nicht ermittelt; es ist aber alles andere als unwahrscheinlich, dass sich unter den Befragten unser bedauernswerter Butz aus dem Hause Schopenhauer befindet. Denn Butz – so wird kolportiert – hat seine Degradierung zum Menschen höchst freiwillig in Kauf genommen, weil sein Herrchen Arthur Schopenhauer nicht müde wurde, dem Pudel auf allen Reinkarnationsstufen immer wieder *Die Welt als Wille und Vorstellung* vorzulesen, bis das arme Vieh, trübsinnig geworden, eines Tages beschloss, das Zeitliche zu segnen, um schließlich als Mensch wiedergeboren zu werden. Es war der einzige Ausweg, um dem Misanthropen Schopenhauer im nächsten Leben garantiert nicht wieder zu begegnen.

Was aber will uns diese Geschichte sagen? Erstens: Augen auf bei der Wahl des Hausphilosophen – der Tipp gilt nicht nur für Pudel. Zweitens: Im Hund spiegelt sich bekanntlich das Herrchen. Grantige Leute haben grantige Hunde. Ein Pudel aber ist ein freundlicher Familienhund und nichts für einen Grantler wie Schopenhauer. Grantler brauchen Dackel. Denn der Dackel ist der Grantler unter den Tieren. Er gilt nicht nur als störrisch, misstrauisch, anarchisch und eigenwillig. Er kläfft auch gern in der Gegend herum.

Deshalb ist es nur konsequent, dass Münchens bekannteste Vorzeige-Grantler immer einen Dackel um sich hatten. Herr Hirnbeiss zum Beispiel – einen Langhaardackel. Oder der Tatort-Kommissar Oberinspektor Veigl alias Gustl Bayrhammer. Der hatte im Polizeirevier stets einen kongenialen Mit-Grantler auf vier Beinen um sich, den schwarzen Kurzhaardackel Oswald. Oswald war eine Fernsehlegende, half gelegentlich beim Gaunerfangen und liebte Münchner Bier und Schnitzel.

Aber all das ist lange, lange her. Mittlerweile machen alarmierende Meldungen die Runde. Die Zahl der Dackel in München sinkt dramatisch, allein zwischen 2004 und 2008 von 2400 auf 2000 Tiere. Was ist passiert? Ein rätselhaftes Dackelsterben? Oder liegt es daran, dass der bairische Grant am Verschwinden ist? Zweimal nein. Der Grund ist ein anderer, ein kulinarischer. Nein, um Gottes willen, nein, denken Sie jetzt nicht an asiatische Dackelfänger. Es ist ein einheimisches Problem. Früher hatte nämlich jeder Münchner Grantler beim Weißwurstessen seinen Dackel dabei, mit dem er seine Wurst gerecht geteilt hat. Die Wurst für den Herrn, die Haut für den Dackel. Der Hund gehörte zur Wurst wie die Brezn zum Senf. Und heute? Der Autor ist vor einigen Jahren im Weißen Bräuhaus im Tal zu München einem echten Grantler begegnet, der seine Weißwurst ganz traditionell gezuzelt, also ausgesaugt hat. Doch damit nicht genug. Er hat auch sonst alles fein säuberlich aufgegessen – nicht nur die Wurst und die Brezn, den Senf und das Grünzeug. Nein, alles! Ratzeputz alles. Auch die Haut. Und vor allem: der Mann hatte keinen Dackel dabei. Damit soll jetzt natürlich nicht behauptet werden, dass der Münchner heutzutage in seiner maßlosen Gier die Weißwurst samt Haut und Dackel auffrisst. Aber mal ganz im Vertrauen, unter uns Grantlern: Auffällig ist es schon, dass man so gar keine Dackel mehr sieht.

Die Grant Seigneurs Gerhard Polt und Karl Valentin

Die Philosophie des Äh

In einem der ersten Kapitel wurde die These vertreten, dass eine der Wurzeln des bairischen Grants in die Gegenreformation zurückreicht, als die Baiern von ihrer Obrigkeit mehr oder weniger sanft wieder ›katholisch gemacht‹ wurden. Nicht dass er nachtragend wäre, der Baier, aber so was merkt er sich. Auch wenn er manchmal nicht weiß, dass er es sich merkt; er merkt es sich trotzdem. So was nennt man dann kollektives Gedächtnis.

Im September 2006 – am Tag bevor der Papst den bayerischen Wallfahrtsort Altötting besuchte und die Vorbereitungen für die Megashow mit all ihren Fernsehübertragungen, Verkehrsstaus und Helikoptereinsätzen schon auf Hochtouren liefen – da saß ein eher schmalbrüstiger, aber recht eigensinniger niederbayerischer Bauer (was man durchaus als Tautologie bezeichnen könnte) aus dem Grenzgebiet zum oberbayerischen Landkreis Altötting an einem Wirtshaustisch vor seinem Bier und raunzte auf die Frage, was er eigentlich vom Papstbesuch halte: »Glaubn is scho recht, aber glei a so spinna!«

Grant kann manchmal recht prägnant sein. Barocker Pomp ist eben nicht allen Baiern geheuer, und je weiter man von den oberbayerischen Lüftlmalern mit ihrer fremdenverkehrstauglichen Rokoko-Schnackerlhaftigkeit weg ist, desto trockener wird er, der Baier in seinem Humor. Es ist also kein Wunder im engeren Sinne, dass dort, wo so ein trockener Humor auf deftig bairisch-barocke Macht und Prachtstrukturen trifft, dass eben dort ganz besonders gute Kabarettisten herauskommen. Man denke nur an das Passau eines Sigi Zimmerschied oder eines Bruno Jonas.

Besonders deutlich wird dieses – nennen wir es einmal – kreative Spannungsverhältnis auch bei Gerhard Polt. Evangelisch getauft ist er, aber katholisch erzogen – und zwar in Altötting. Das Theater ging also schon recht früh los: eine Art Gegenreformation in Zeitraffer. Manche würden so was gar nicht aushalten; Gerhard Polt schon. Und so wurde er später – nicht trotz, sondern wegen des katholischen Gnadenortes – einer der begnadetsten Menschenkenner und gnadenlosesten Menschendarsteller Baierns. Allein schon deswegen, weil man als Bub im beschaulichen Altötting nicht den ganzen Tag in der Auslage vom Leichenschauhaus den Fleischfliegen dabei zuschauen kann, wie sie dem Toten in den Mund hinein- und anschließend wieder herausfliegen – siehe dazu Gerhard Polts *Die Fleischfliege* in *Circus Maximus*; aus Gründen der Abwechslung und der psychischen Hygiene muss der junge Mensch also gelegentlich auch den Lebenden und Schein-Lebenden aufs Maul schauen, was in Altötting nachgewiesenermaßen besonders gut geht und insbesondere vor Wallfahrtsläden einen hohen kabarettistischen Nährwert hat. Polt war jedenfalls ein sehr gelehriger Schüler, der den in Altötting gebotenen Stoff schnell aufnahm – in nur sechs Jahren. Danach nämlich zog er – scheinbar katholisch geworden – mit den Eltern nach München. In Wahrheit steckten in dem Knaben noch allerhand evangelische Rest-Renitenzen, insbesondere was sein Verhältnis zur katholischen Heiligenverehrung angeht. Angefangen hat alles mit dem Nikolaus, wie Polt einst der *Schweizer Sonntagszeitung* anvertraute: »Ich habe an Weihnachten meine erste Revolution erlebt; der Nikolaus war die erste Autorität, die für mich gefallen ist. Das war, als ich mit sieben Jahren von Altötting nach München gekommen bin. Da hat mich ein Bub gefragt, ob ich mitgehe, einem Nikolaus den Bart anzuzünden. Für mich war das sehr aufregend, weil ich bis damals sehr nikolausgläubig gewesen war. Da habe ich dann gesehen, wie so um die hundert Kinder mit Steinschleudern und Latten auf Nikoläuse losgegangen sind, die aus einem Studentenschnelldienst kamen. Es war eine wüste Sache, einer der Nikoläuse wurde ziemlich schwer verletzt.« Man darf froh sein und dem Herrn danken, dass sich dieser grobe, antinikolausische Grant bei Gerhard Polt ein wenig gelegt hat. Vielleicht hat er ihn im Laufe der Zeit aber auch bloß etwas verfeinert. Weshalb ihn Bayerns Nikoläuse immer noch für einen »verleumderischen und bösartigen Ehrabschneider« halten. Zumindest bezeichnete ihn die Bayerische Staatsregierung so, wegen einer politischen Glosse zum umstrittenen Bau des Rhein-Main-Donau-Kanals.

Polt wurde jedenfalls einer der kundigsten Fremdenführer durch das Labyrinth der bairischen Seele und ihrer manchmal etwas bizarren Befindlichkeiten. Seit er auf der Bühne steht oder über den Fernsehapparat in deutsche Wohnzimmer vordringt, versteht der Baier sich und seine Mit-Baiern viel besser. Man fahre nur einmal mit dem Zug von München nach Altötting – nur so als Beispiel. Das ist an sich schon ein Abenteuer, wegen der langen Dauer der Reise. Noch abenteuerlicher aber wird es, wenn im Abteil drei Herrschaften sitzen, die eine gepflegte bairische Konversation betreiben – also reichlich grimassierend und bramarbasierend und auftrumpfend. Selbstverständlich versehen sie ihre Rede – als Hommage an bayerische Landespolitiker – mit zahlreichen »Ähs« und »Gähs« und »So-sos« und »Jameis«. Dann wiederum wird vielsagendes Schweigen eingebaut und manch philosophisch anmutender Satzbrocken wird dem

Gegenüber hingerollt wie ein Findling aus dem Voralpenland. Oder wie ein leerer Maßkrug. Kurzum, es ist ein Gespräch mit all jenen Zutaten, die dem bairischen Idiom seine spröde und doch so ausdrucksstarke Bildhaftigkeit geben. Wunderbar, werden Sie vielleicht sagen. Schon, das Problem ist nur, dass Sie heutzutage nicht mehr genau wissen können, ob die drei Herrschaften im Abteil so reden, weil sie immer so reden. Oder weil sie gestern »aufdnachd« den Polt gesehen oder gehört haben. Oder ob vielleicht sogar der Gerhard Polt selbst schon einmal mit diesem Zug gefahren ist, und die drei Herren waren auch dabei. Es ist jedenfalls alles anders geworden, seit es den Polt gibt. Man könnte sagen, der Baier im Zeitalter seiner technischen Reproduzierbarkeit ist immer irgendwie ›poltesk‹, also fast wia im richtigen Leben. Oder anders formuliert: Wie der Weltgeist mit Hegel so ist der Welt-Grant mit Polt ganz zu sich selbst gekommen.

Bevor jetzt irgendein Grantler daherkommt und sagt: »Geh weida, so ein Krampf«, wollen wir lieber in tiefes, vielsagendes Schweigen verfallen. Das hat in Baiern auch eine lange Tradition. Gegenreformatorisch sozusagen. Und Gerhard Polt kennt dieses Lied ebenfalls, er durfte es 1980 singen, als er den Deutschen Kleinkunstpreis bekam. Damals versuchte das ZDF, ihm einen Maulkorb zu verpassen. Polt sagte beim Verleihungsauftritt geschlagene 25 Minuten lang auf unnachahmliche Weise gar nichts. Frei nach dem poltschen Motto: »Wir haben keinerlei Meinung, aber die dürfen wir überall und frei äußern.« So geht er, der bairische Grant. Wenn er einen ganz guten Tag hat. Und einen Darsteller wie den Gerhard Polt.

Jedes Ding hat drei Seiten

Wie eingangs schon erwähnt, kommt der Grant, der den Baiern tief im Innersten zusammenhält, von ›grannen‹ oder ›greinen‹. Was so viel meint wie knurren, zanken, weinen, grinsen, lachen. Wohl bei keinem anderen Grantler kommen all diese Aspekte deutlicher zur Geltung als bei Karl Valentin – dem vermutlich eigenwilligsten Vertreter des bairischen Grants. Beginnen wir mit dem Ende, mit dem Weinen. Wie kaum ein Zweiter verkörpert der Valentin den bairischen Blues, vor allem in seinen letzten Lebensjahren. Bezeichnenderweise schlägt sein letztes Stündlein an einem Tag, an dem alle anderen lachen oder grinsen, nämlich am Rosenmontag. Genauer gesagt am 9. Februar 1948. Da stirbt Karl Valentin an einer Lungenentzündung. Und am Blues. Denn keiner will ihn nach dem Krieg mehr haben, den Humor des »Wortzerklauberers«, des »bayerischen Nestroy«, wie ihn der Kritiker Alfred Kerr nannte. Valentin selbst kannte die Gesetze seines Geschäfts nur allzu genau. Und formulierte sie so: »Ich bin auf Sie angewiesen, aber Sie nicht auf mich. Merken Sie sich das.«

Und so kam es, wie es kommen musste: die Ironie des Schicksals wollte, dass der Mann, der einst die Theaterbühnen mit seinem skurrilen Witz verzauberte, selbst zum Opfer des Kabaretts wurde. Nicht nur im übertragenen Sinn, sondern buchstäblich. Nach seinem letzten Auftritt wird Valentin versehentlich eingeschlossen und verbringt die ganze Nacht im unbeheizten Theater. Zwei Tage später ist seine Beerdigung. »Der Optimist«, hat Valentin einst gesagt, sei eben »ein Mensch, der die Dinge nicht so tragisch nimmt, wie sie sind.« Valentin war kein Optimist, nahm die Dinge vielleicht manchmal sogar noch tragischer; allenfalls Rosen sah er rosig. »Die schon – das ist aber auch das

Einzige, was ich rosig sehe.« Die Welt hingegen sah er »unrosig«, wie wir aus dem Valentin-Dialog *Pessimistischer Optimismus* erfahren. Denn das Gschiss gehe ja schon gleich mit der Geburt los. Und danach wird's nicht viel besser. Karl Valentin hatte für jeden der ehernen Grant-Grundsätze ein passendes Zitat:

Gesundes Misstrauen: »Sicher is', dass nix sicher is', drum bin i vorsichtshalber misstrauisch.«

Tiefer Skeptizismus: »Des is wia bei jeda Wissenschaft, am Schluss stellt sich dann heraus, dass alles ganz anders war.«

Ein guter Schuss Lebensangst und Selbstmitleid: »Ich kenne keine Furcht, es sei denn, ich bekäme Angst.«

Schwarzmalerei: »Hoffentlich wird es nicht so schlimm wie es schon ist!«

Leichte Hypochondrie: »Gar nicht krank ist auch nicht gesund.«

Eine Prise Misanthropie: »Der Mensch is guad, de Leit' san schlecht!«

Und spirituelle Obdachlosigkeit: »Metaphysik ist der Versuch, in einem verdunkelten Zimmer eine schwarze Katze zu fangen, die sich gar nicht darin befindet.«

Dies alles gleichzeitig wäre natürlich nahezu unerträglich gewesen. Und tatsächlich gab es einige Menschen, die bestätigen konnten, dass Karl Valentin kein ganz einfacher Zeitgenosse war. Nicht zuletzt Liesl Karlstadt, seine Partnerin auf der Bühne und Geliebte im Leben. Sie litt nicht zu knapp unter den Eskapaden und dem mitunter schroffen Grant des Humoristen. Aber Valentin war eben nicht nur grantig im eindimensionalen Sinn, sondern pflegte die vielen Facetten eines weiteren Grant-Begriffs. Der Grundsatz der valentinschen Dialektik lautete daher stets: »Jedes Ding hat drei Seiten, eine positive, eine negative und eine komische.« Und das gilt nicht nur auf der Bühne.

Karl Valentin ist immer komisch, er »macht Witze von früh morgens bis spät abends – wird nie müde dabei«, bestätigt seine kongeniale Bühnenpartnerin und Ideengeberin Liesl Karlstadt, ohne die Valentin wohl nie so weit gekommen wäre. Finanziell gescheitert und als Künstlerin nie voll anerkannt, kämpfte auch sie mit schweren Depressionen und wollte 1935 in die Isar gehen. Lustige Leute sehen anders aus. Der Blues des Südens hatte wohl beide erwischt.

Karl Valentin jedenfalls lacht nie, schreibt Martha Feuchtwanger in ihren Erinnerungen *Nur eine Frau. Jahre, Tage, Stunden*: »Manchmal verzog er den Mund zu einem geduldigen, schmerzlichen Lächeln.«

Der Mann mit dem schmerzlichen Lächeln und dem skurrilen Humor passte den Nazis nicht in ihr totalitäres Konzept von der heiteren Unterhaltung und linientreuen Erbauung. Mit der Nazizeit ging es für Valentin und Karlstadt endgültig bergab: »Ich kann mir den Namen einfach nicht merken«, sagte Karl Valentin auf der Bühne, nachdem er zweimal den Arm hebt und »Heil« ruft, aber dann scheinbar nicht weiterweiß. Ein Held war er keiner, sein Spiel war weitgehend unpolitisch, und er zählte nicht zur Opposition. Trotzdem überstand er das Dritte Reich moralisch weitgehend unbeschadet. Geholfen hat ihm das bekanntlich nicht. Sein Grant oszillierte in den letzten Jahren zwischen ›knurren‹ und ›weinen‹: »Wer am Ende ist, kann von vorn anfangen, denn das Ende ist der Anfang von der anderen Seite.« Falls der Tod der Anfang der anderen Seite ist, hat er recht behalten, der Karl Valentin. Aus seinem Grant gegenüber den »lieben Bayern und speziell meinen lieben Münchnern« machte er am Schluss keinen Hehl mehr. Zu groß war seine Enttäuschung: »Alle anderen mit Ausnahme der Eskimos und der Indianer haben mehr Interesse an mir als meine ›Landsleute‹.«

Grant Dames und Grantscherben

Natürlich hat der Wiener Kabarettist, Sänger und Dichter Georg Kreisler völlig recht, wenn er sagt »ohne Frauen wäre das Leben zu ungefährlich«. Das ist Pech für alle, die Gefahren scheuen, denn es läuft halt mal nichts ohne die Frauen. Vor allem nicht, wenn es um das Thema Grant geht. Nun hören wir sie schon wieder raunzen, die Damen, die darauf bestehen, dass der Grant ausschließlich männlich sei: Grantlhuber, Grantlhauer, Grantlmeier und nicht zu vergessen der Grantscherben. Dem ist eigentlich nicht zu widersprechen, schon gleich gar nicht in Baiern, wo man auf feinsinnige semantische Unterscheidungen ja bis heute großen Wert legt. Der Mensch und das Mensch sind nämlich durchaus zweierlei Mensch, auch wenn sich das Mensch – also die erwachsene, ledige Weibsperson – zwischenzeitlich sogar in allerkatholischsten Regionen weitgehend emanzipieren konnte.

Beim Grant war dies nie nötig, denn für das weibliche Suffix ›in‹ hinter dem Grantlhuber oder dem Grantlhauer hat es noch immer gereicht. Und der Grantscherben steht zwar in manchen Gegenden für beide Geschlechter, in anderen aber nur für die Frauen. Die sind – was den Grant angeht – schon immer gleichberechtigt gewesen. Vielleicht sogar mehr als das.

Denn was wäre zum Beispiel aus einem Steinmetz namens Sokrates geworden, wenn er keine grantige Frau zu Hause gehabt hätte? Nie wäre er auf die Idee gekommen, den ganzen Tag in Athens Straßen abzuhängen und seine Zeitgenossen mit lästigen Fragen zu piesacken, wenn daheim nicht Xanthippe gewesen wäre. Ob Sokrates sie zur Frau genommen hätte, wenn er vorher gewusst hätte, auf was er sich da einlässt? Quasi als ein Opfer im Dienste der Philosophie? Also eine Art erotischer Schierlingsbecher? Friedrich Nietzsche meint: Nein, so weit wäre der Heroismus des Sokrates wohl nicht gegangen. Aber Tatsache ist: Xanthippe war es, die dem Sokrates »Haus und Heim unhäuslich und unheimlich machte: Sie lehrte ihn, auf den Gassen und überall dort zu leben, wo man schwätzen und müßig sein konnte, und bildete ihn damit zum größten athenischen Gassen-Dialektiker aus ...« So beschreibt es Nietzsche in *Menschliches, Allzumenschliches.*

Ein anderer großer und wirkungsvoller Grantscherben der Antike soll eine gewisse Terentia gewesen sein. Dominant, mutig und ehrgeizig sei die Römerin gewesen, sagt man. Sie habe sich lieber mit der Karriere ihres Mannes beschäftigt als mit Dingen des Haushalts. Offenbar mit Erfolg, denn der Mann hieß Cicero und war nicht nur als Politiker, Anwalt, Schriftsteller und Philosoph, sondern auch als Redner einer der berühmtesten Männer Roms. Terentia hatte einen »harten Charakter«, schreibt Plutarch, sie habe ihren Mann beherrscht. Dem wurde der Grant auf Dauer zu viel. Cicero ließ sich im Jahr 46 oder 47 v. Chr. scheiden, was der Dame aber offenbar nicht geschadet hat, denn Terentia soll ihren Exmann um fast 40 Jahre überlebt haben und 103 Jahre alt geworden sein. Ob der Grantscherben im Alter milder wurde?

Das fortschrittsgläubige 19. Jahrhundert jedenfalls schien in dieser Richtung Hoffungen zu hegen. In der *Bayerischen Nationalzeitung*, einer in München erscheinenden monarchisch-konstitutionellen Zeitschrift heißt es 1835: »Böse Weiber macht nichts fromm, wenn es das Alter nicht thut.«

Der Satz gilt nicht für Männer, jedenfalls nicht für Groß-Grantler wie Arthur Schopenhauer, der im Alter keineswegs fromm, sondern immer unduldsamer wurde und Züge des Grobianismus annahm. Er hatte ein sprichwörtlich schlechtes Verhältnis zu Frauen, was in einer Handgreiflichkeit gegen seine Wohnungsnachbarin gipfelte, die die ungute Angewohnheit hatte, den Philosophen durch ihr Geplauder im Hausgang ständig zu nerven. Es war nur eine Frage der Zeit, bis es zum Showdown zwischen Grant-Master und Stiegenhausratschen kam. Eines Tages stürzte die Näherin im Handgemenge die Treppe hinunter und verletzte sich so schwer, dass Schopenhauer ihr nach einem fünfjährigen Gerichtsprozess Entschädigung zahlen musste. Und zwar bis zu ihrem Lebensende, das der Philosoph – jeden einzelnen Tag zählend – heiß herbeisehnte.

Gelegentlich wird der Grant also ›gerichtsmassig‹, und dergestalt oft besonders unterhaltsam. Zum Beispiel im Fall der 22-jährigen Privatiere Katharine Auer aus der Rumfordstraße in München. Deren Auftritte hatten das Zeug zu großem Theater. Oder besser gesagt zur Opera buffa. Bühne frei für Frau Auer:

Vor Gericht erscheint die verheiratete Dame in bester Toilette und mit guten Manieren; sie hinterlässt einen rundum positiven Eindruck. Allerdings hatte nicht jeder das Glück, die gnädige Frau von dieser, ihrer Schokoladenseite kennenlernen zu dürfen. Zum Beispiel das Ehepaar Gsottberger, das in der Rumfordstraße vis-à-vis wohnte und von Frau Auer häufiger verbal beleidigt wurde. Einem Bericht des *Neuen Münchner Tagblatts* vom 17. Mai 1877 ist zu entnehmen, »dass sie (die Frau Auer) von ihrem Fenster aus den Gsottberger'schen Eheleuten des Oefteren durch Herzeigen eines gewissen Hintertheiles ein Panorama gratis zur Ansicht darbot, ein Panorama so abscheulicher Art, dass selbst ein Casanova darüber hätte erröthen müssen.«

Katharine Auer musste für ihr ›Grant-Panorama‹ 50 Mark Strafe zahlen. Immerhin 30 Mark weniger als die Marktfrau

Crescenz Lang, die der Meinung war, dass ihre Miete für den Obststand zu teuer sei, weshalb sie ein ganz krawottischer Grant packte. Der entlud sich in folgender Schmährede: »Ja, wenn i auf'n Strich ging wie die Westermayer, dann könnt ich auch täglich 2 Mark zahlen. Die Westermayer ist eine Schnalle und zu ihr kommen auch alle Schnallen und besorgen ihre Einkäufe.« So stand es dann auch am 6. Juni 1877 im *Neuen Münchner Tagblatt* zu lesen. Samt dem Hinweis, dass Frau Lang für die Verleumdung 80 Mark zu blechen hatte.

Zugegeben, Grantscherben von solchem Kaliber sind heutzutage eher selten. Vor allem in der Öffentlichkeit. Das soll aber nicht bedeuten, dass es weiblichen Grant nicht mehr gibt. Er ist nur tendenziell häuslich. Und das ist auch gut so. Für das Überleben der Menschheit sogar sehr gut. Warum? Das erfahren Sie im nächsten Kapitel.

Warum der Grant nie ausstirbt

Grant ist ein komplexes und manchmal auch widersprüchliches Phänomen, das sich aus den unterschiedlichsten Quellen speist: Ärger und Wut sind nah verwandt mit ihm, Melancholie und Weltschmerz noch näher, auch Neid und Missgunst finden sich in seinem Stammbaum – wenngleich nur weit entfernt, ganz am Rande. Garantiert immer dazu gehören eine kritische Haltung und ganz viel Skepsis gegenüber den Leuten; ebenso ein Schuss Pessimismus und gelegentlich ein wenig Weltabgewandtheit, gepaart mit der Sehnsucht nach Ruhe. Ist das eine völlig unverständliche, unangenehme, unakzeptable Haltung gegenüber der Welt? Nein. Verglichen mit all dem Zorn, der Wut, dem Hass, der Gschaftlhuberei und den anderen Todsünden auf der Welt gehört der Grant wohl eher zu den lässlichen Sünden. Denn in der Regel ist er harmlos, und nur selten wirklich boshaft.

Auch wenn er nicht immer einfach ist, eigentlich lieben wir ihn, den Grant, denn er zeigt uns Grenzen auf; unsere eigenen, und die der anderen. Grant ist also wichtig, weil er als Schutzschirm dient gegen die Laserattacken des Lebens.

Stellen wir uns nur einmal folgende Situation vor: Er liest Zeitung, sie möchte reden. Er aber hört sie nicht. Sie wird grantig, weil auch auf die dritte Frage keine Antwort kommt, obwohl sie – mittlerweile deutlich hörbar – verärgert ist. Warum reagiert er nicht? Ist es die Konzentration auf seine visuelle Aufgabe, die ihn geistig so sehr beansprucht, dass er sie gar nicht hören kann? Das zumindest behaupten Psychologen, die mittels Kernspintomografie untersucht haben, wie das menschliche Gehirn emotionale Reize verarbeitet. Demnach ist er also völlig weggetreten und überhört ihren Grant, nur weil er sich dem intellektuellen Balanceakt des Zeitungslesens ausgesetzt hat. Aber warum funktioniert das so?

Eigentlich ist die Sache ganz einfach. Er schaltet auf Anti-Grant-Modus – das heißt auf Durchzug –, versteckt sich hinter seiner Zeitung und blendet so all ihren weiblichen Grant komplett aus. Ein genialer Trick der Natur zur Erhaltung von Paarbeziehungen und somit der Menschheit.

Denn was wäre die Evolution ohne Grant? Längst vorbei wär sie. Erst kürzlich nämlich haben kanadische Forscher von der University of British Columbia herausgefunden, dass lächelnde Männer auf Frauen sexuell unattraktiv wirken – sie gehen bei amourösen Abenteuern deshalb eher leer aus. Also, meine Herren: Grant-Modus aktivieren und vor allem niemals lächeln. Denn der Ausdruck von Freude und Glück macht männliche Gesichter für Frauen unattraktiv. Übrigens, umgekehrt gilt das Grant-Gesetz nicht. Grantig dreinblickende Frauen haben nämlich deutlich schlechtere Chancen, die Aufmerksamkeit eines Mannes zu erregen, als lächelnde. In der Studie ging es aber nur um amouröse Abenteuer, also um Menschen, die sich noch nicht kennen. Was aber, wenn die beiden schon längst ein Paar sind und sie wieder einmal grantig wird? Dann kommt der Evolutionstrick Nummer eins zum Einsatz. Sie wissen schon, der mit der Zeitung, hinter der er sitzt. Maliziös lächelnd.

Mehr Grantezza, bitte!

Und jetzt? Hat der Grant eine Zukunft? Unbedingt. Denn Grant als Empörung treibt auch weiterhin den Familienvater um, der sich zu Recht aufregt über die Blutsauger, die regelmäßig zur Ferienzeit die Preise für Benzin und Urlaubsreisen hochsetzen. Er quält den Fußballfan, der jedes Wochenende darunter leidet, dass seine Leidenschaft zum Millionengeschäft verkommt: »Gebt uns das Spiel zurück!« lautet sein Ceterum censeo, das er wie ein Mantra herunterbetet. Und der Grant kocht hoch, wo Mietwucher und Luxussanierungs-Spekulanten Wohnraum zerstören und alte Mieter aus den Häusern drängen. Man kann diese Liste fast beliebig verlängern.

Und dann ist da noch der andere Aspekt: der Grant als Zweckpessimismus. Er zeugt nicht nur von sittlicher Reife, sondern verschafft – wie wir gesehen haben – Pluspunkte bei Evolution und Fortpflanzung, und ist obendrein ein hilfreiches Ritual für den Alltag. Er ist eine Art Abwehrzauber gegen Zumutungen aller Art, heimische und aushäusige, private und geschäftliche, bairische und nicht-bairische. Der Grant ist seiner Herkunft nach unbestritten ein Baier; und vielleicht ist das sogar der tiefere Grund dafür, warum bairische Menschen einer Studie zufolge im fortgeschrittenen Alter glücklicher sind als etwa Franken, oder warum die Bairisch-sprechenden Wiener einer anderen Untersuchung zufolge deutlich mehr lächeln als etwa alemannische Arlberger. Aber Baiern hin oder her, der Grant ist ein Internationalist, der sich nicht »in den Patriotismus einspannen lässt wie der Ochs ins Joch« (Georg Kreisler).

Bei aller Bavarität, die ihm eigen ist, ist der Grant weitschichtig verwandt mit den spezifischen Gefühlslagen anderer Sprachen und Kulturen, die gespeist von der Sehnsucht nach längst verlorenen Paradiesen an die Tiefenschichten unserer Seele appellieren; wie der Blues der Afroamerikaner, die sanft melancholische Saudade des Portugiesen oder ›hüzün‹, die Traurigkeit der Türken. Trotz dieser internationalen Verwandschaft bleibt er einzigartig, der Grant. Denn mit nichts anderem ist er letztlich gleichzusetzen, vor allem nicht mit dem Nörgeln der stets unzufriedenen Deutschen. Für den Grant und die Baiern gilt, was der portugiesische Schriftsteller Fernando Pessoa in einem Vierzeiler treffend über Portugal und seinen Blues geschrieben hat:

Saudades – nur Portugiesen
können sie richtig fühlen.
Weil nur sie dieses Wort haben,
um zu sagen, was sie empfinden.

Manchmal liegt er in der Luft, der Grant. Man kann ihn förmlich spüren, auf der Straße, im Wirtshaus, im Büro – zumindest, wenn man die Antennen dafür hat. Und wenn nicht? Kann man ihn lernen, den Grant? Garantiert! Vielleicht nicht von heute auf morgen, aber mit viel Geduld und Beobachtungsgabe entwickelt der Neuling schnell ein Gespür dafür, wann die Eingeborenen ›ihre Tage‹ haben. So wie Neu-Münchner anfangs noch nichts vom Föhn bemerken, und erst nach einiger Zeit die Kopfschmerzen wahrnehmen, die der Fallwind verursacht.

Es dauert, doch es lohnt sich, dieses Gespür zu entwickeln. Versuchen Sie es. Sie werden dann verstehen, dass der Blues des

Südens zwar eine Abgrenzungsstrategie ist, die manchmal uncharmant wirkt, ja fast fremdenfeindlich, in jedem Fall aber Preußen- oder Piefke-feindlich; dass dieser Eindruck aber täuscht, weil der Grant in erster Linie Deppen-feindlich ist – Preuße/Piefke ist nämlich keineswegs ein geografischer oder genetischer Begriff –, was erstens bedeutet: dass Grant nie fremdenfeindlich sein kann, weil es ja überall auf der Welt Deppen gibt. Und zweitens: dass der Grant als deppenfeindliche Abgrenzungsstrategie in 99,9 Prozent der Fälle nicht Sie persönlich meinen kann, weil ein Depp dieses schöne Grant-Buch ja nie gelesen hätte.

Der geneigte Grant-Schüler wird also schnell erkennen, dass er es mit einem weltoffenen und zeitlosen Phänomen zu tun hat. Es ist immer gegrantelt worden. Und es wird immer gegrantelt werden. Granteln kann jeder (lernen). Machen Sie sich auf die Suche nach dem Süden in sich. Das ist gar nicht so schwierig, denn Süden ist immer und überall. Man muss ihn nur entdecken. Wissenschaftler vom Max-Planck-Institut für biologische Kybernetik in Tübingen haben kürzlich herausgefunden, wie das Gehirn die räumliche Struktur einer vertrauten Umgebung verarbeitet: der Mensch sei genordet. Das bedeutet, er hat bei seiner Orientierung eine imaginäre Landkarte vor Augen, die stets nach Norden ausgerichtet ist.

Auf die Frage, warum dann so viele Norddeutsche in Richtung Süden ziehen, also quasi gesüdet sind, können wir an dieser Stelle nicht eingehen. Wir nehmen die Nordung einfach mal als gegeben hin und leiten daraus folgende Handlungsanweisung ab:

Blicken Sie auf Ihre innere Landkarte und norden Sie sich ein, so wie angeblich alle anderen Menschen auch.

Dann drehen Sie sich einfach um, und gehen los. Gegen den Strom.

Falls Sie angemault werden – von wegen »falsche Richtung« oder »Geisterfahrer« – bleiben Sie freundlich und antworten Sie lächelnd: »Scho recht, du mi aa.«

Jeder trägt den Süden in sich. Der Süden ist Opposition, Widerspruch, Grant. Doch Vorsicht. Es braucht Fingerspitzengefühl, um den feinen, aber entscheidenden Unterschied zu erspüren, der zwischen heiligem Grant und profanem Nörgeln besteht: eine heikle Grant-Wanderung.

Nehmen wir als Alltagsbeispiel einen Autoaufkleber, den der Autor irgendwo im Ruhrgebiet gesehen hat. Darauf stand: »Mit jedem Tag meines Lebens erhöht sich zwangsläufig die Zahl derer, die mich am Arsch lecken können.« Inhaltlich ist der Satz nicht unbedingt falsch, er bringt einen wesentlichen Bestandteil des grantigen Lebensgefühls schön auf den Punkt. Grant ist nämlich eine Selbstverteidigungsform des intelligenten Lebens auf diesem Planeten und daher bestens geeignet, Widerstand zu leisten gegen den Gute-Laune-Terror der Berufsoptimisten und Dauerlächler, der Ja-Sager, Arschkriecher und Apologeten einer weltumfassenden Verblödungsmaschine. Von denen gibt es ja bekanntlich viel zu viele.

Was also passt nicht an dem Autoaufkleber? Erstens das Wörtchen »zwangsläufig«. Der Grant hasst es, wenn irgendwo Alternativlosigkeit oder Sachzwang gepredigt wird. Das ist ein Zeichen für Denkfaulheit. Oder für Bevormundung. Zweitens stört, um im Bild zu bleiben, der Zungenschlag – die Formulierung, die eine Frage des Geschmacks ist. Anders gesagt, dem Autoaufkleber fehlen zwei wesentliche Bestandteile des Grants, nämlich Charme und Humor. Das Aussprechen blanker – respektive blank gezogener – Wahrheiten allein reicht einfach nicht, um in die Kategorie Grant-Art aufgenommen zu werden.

Die grantologische Hauptforderung lautet demnach: »Leute,

lernt granteln!« Und zwar gscheid. Denn wer grantelt, schießt nicht, aber er wehrt sich. Er übt sich in aktiver Gelassenheit und verfällt dabei nicht dem unheiligen Zorn, denn in der Regel sind Grantler gutmütige Menschen. Ihr Hang zur Melancholie hält sich meist die Waage mit ihrer Wut. Sich selbst nicht zu wichtig zu nehmen, weil am Ende eh alle hin sind, gehört zu den zentralen Einsichten des Grants. Wer sich gelegentlich die eigene Vergänglichkeit vor Augen hält, hat meistens auch mehr Humor.

Nutzen Sie also die therapeutische Kraft des Grants. Er hilft gegen Burnout ebenso wie gegen depperte Vorgesetzte und nervige Kollegen. Wozu sich lange herumstreiten? Charmanter, zivilisierter Grant macht Wutanfälle überflüssig und schützt vor Ärger, Feindseligkeit und Verbitterung, die man sonst nur in sich hineinfrisst. Wer mit seiner Hilfe Dampf ablässt, kann zwar vielleicht die Gastritis nicht vermeiden, weiß aber am Ende wenigstens, woher sie kommt. Und das ist ja – so würde vermutlich ein Grantler argumentieren – gar nicht so wenig im heutigen Medizinbetrieb. Zumindest für Kassenpatienten.

Sind Sie also überzeugt? Dann treten Sie ein in die Grant-Gilde; aber immer schön langsam, nicht hudeln. Grant ist eine Kulturtechnik der Entschleunigung; er verträgt sich schlecht mit der Hektik der modernen Welt. Nehmen Sie sich Zeit für eine gemütliche Runde Grant im Alltag. »Je älter, desto grantiger werde ich«, tröstet zum Beispiel der Glasermeister den vom Grant angenagten Vater eines fußballbegeisterten Buben, der das Wohnzimmerfenster eingeschossen hat. Der Trost wirkt, Glaser und Vater erinnern sich gemeinsam daran, was sie selbst früher alles angestellt haben. Und schon mündet der Grant in ein Schmunzeln. Er versöhnt also gelegentlich sogar die Generationen miteinander.

Dabei taucht immer wieder die Frage auf, ob nur Ältere den Grant haben können. Klar ist, dass ein 18-Jähriger sich nicht mit Altherren-Grant schmücken sollte, in der Hoffnung, damit in den Genuss von Respekt und Altersweisheit zu kommen. Er würde vermutlich unglaubwürdig wirken. Obgleich es immer wieder echte Naturtalente unter jungen Menschen gibt. Nehmen wir die Geschichte jenes Buben aus dem niederbayerischen Schönau bei Eggenfelden, der vor einigen Jahren den örtlichen Kindergarten besuchen sollte. Dem Vierjährigen war die Institution nicht ganz geheuer; erst nach längerer Überzeugungsarbeit der Eltern ließ er sich breitschlagen. Am ersten Tag in der Betreuungseinrichtung freilich schaute der Bub ganz finster drein und sagte zur Kindergärtnerin: »Des oane sog I da glei: I sing ned und I tanz ned!« Die Kindergärtnerin willigte ein, womit die Spielregeln für ein gedeihliches Miteinander bis zur Einschulung des jungen Mannes ein für alle Mal geklärt waren. Hätte es damals einen Grant Prix gegeben oder so etwas wie »Bayern sucht den Super-Grantler«, der Vierjährige wäre ganz vorn mit dabei gewesen.

Und im Alter? Gilt ganz besonders, was der Schweizer Schriftsteller Max Frisch mit seinem prägnanten Satz gefordert hat: »Nicht weise werden, zornig bleiben.« Kultivieren Sie Ihren Blues! Raunzen Sie, granteln Sie – selbst, wenn es Ihre Umwelt gelegentlich nervt. Ein Grund findet sich garantiert immer: Wenn das Bier zu warm, der Kaffee zu kalt, die Suppe zu salzig, das Ei zu hart oder die Weißwurst zu lätschert ist – wunderbar. Dann schlägt die Stunde des Grants. Von Klimawandel, Finanzkrise, korrupten Politikern und all den anderen Grant-Gründen des Alltags gar nicht erst zu reden. Also, mehr Grantezza bitte! Hier ein paar Vorschläge zum Üben:

Glauben Sie nicht alles, was andere – insbesondere sogenannte Autoritäten – Ihnen vorsetzen.

Stellen Sie sich die Herrschaften einfach auf dem Klo ohne Papier vor. Schnell weicht der Respekt, denn: Die spülen auch nur mit Wasser.

Nie vergessen, allen kann man es nicht recht machen: »Everybody's Darling ist everybody's Depp.«

Glauben Sie keinem, der Kritiker als pedantische, rechthaberische, engstirnige Beckmesser beschimpft. Ohne Bedenkenträger säßen wir immer noch auf den Bäumen.

Lernen Sie, frühzeitig Nein zu sagen. Denken Sie an den oben erwähnten Jung-Grantler aus dem niederbayerischen Kindergarten.

Wo Streit ein Schimpfwort ist und die Mehrheit den Traum von der ewigen Großen Koalition träumt, da wird es Zeit für politischen Grant. Lang lebe die permanente Opposition.

Denn aufgemerkt: »Der Ursprung des Gedankens liegt im Widerspruch – nicht nur mit anderen, sondern auch mit uns selbst.« (Eric Hoffer, *The Passionate State of Mind*)

»Leute, seid grantig!« lautet die Devise, denn wir brauchen eine neue Grant-Kultur. Einen Grant Prix der Demokratie, nicht zuletzt in Zeiten der Krise. Grant ist nämlich die Kunst, zu kritisieren, um sich selbst abzugrenzen, ohne dabei ins Misanthropische und Menschenverachtende abzugleiten. Sie gleicht den Pflanzen, die im Winter ihre Blätter abwerfen, um sich vor dem Austrocknen zu bewahren. Grant ist eine Schutzfunktion.

»Mei Ruah mecht i hamm«, sagt der Grantler. Aber nicht um jeden Preis. Keine Friedhofsruhe. Keinen selbst verpassten Maulkorb, bittschön.

Wir brauchen vielmehr einen poetischen Grant. Und eine grantige Poesie des Alltags. Die mag manchmal archaisch und streitlustig daherkommen, ist in Wahrheit aber – richtig angewandt – feinsinnig und humorvoll. Poetischer Grant richtet sich gegen die Gier und die Dummheit, gegen die Schranken- und Gedankenlosigkeit; gegen die Auswüchse eines gesellschaftlichen Seins, das nicht zuletzt auf unserer eigenen Feigheit und Bequemlichkeit beruht. Also auf Mangel an gesellschaftlichem Grant. »Es gibt kein richtiges Leben im falschen«, hat der Großgrantler Theodor W. Adorno gesagt – und wahrscheinlich nicht einmal im richtigen, würde ein pessimistischer Grantler hinzufügen. Und dennoch überlässt der Grant ihnen niemals freiwillig das Feld, den Berufsoptimisten und Bevormundern, den Gschaftlhubern und Gschäftlmachern, den Sachzwanglogikern und Alles-im-Griff-Habern.

Denn Grant ist eine Überlebensstrategie für die Machtlosen, um ihre Wut und ihre Traurigkeit in den Griff zu bekommen. Grant ist immer dezentral und peripher, er ist kein (All)Wissender, allenfalls ein Ahnender, kein Wahr(heits)sager, höchstens einer, der ein Körnchen Wahrheit ins große Getriebe streut. Grant ist Opposition.

Nun hat ein westfälischer Bundespolitiker einmal gemeint, Opposition sei Mist. Aber Mist hat gute Eigenschaften. Er kann zum Beispiel kräftig stinken und ist daher manchmal recht wirksam. Von dem Bayern und Grant-Genie Herbert Achternbusch stammt der schöne Satz: »Die Bayern machen, was sie immer machen, wenn sie auch noch so technisiert sind, nämlich Mist aufladen.« Und dieses »Bekenntnis zum Mist«, mit dem die Bayern ihre »Sensibilität muskelbeugend überspielen« (Carl Amery) ist Teil jenes Phänomens, das in diesem Buch beschrieben wurde.

Der Grant ist eine Stinkbombe, die man beizeiten wirft, um sich von unliebsamen Zeitgenossen zu befreien und sich ein wenig Luft zu verschaffen. Aber auch, um denen da oben zu zeigen, dass einem etwas stinkt. Man tut gut daran, den Grant nicht zu unterschätzen; und noch besser daran, ihn nicht allzu ernst zu nehmen. Ohne Humor, Selbstironie und Nachsicht wird der Grant nämlich gallig, streng und selbstgerecht – und mit ihm auch der Grantler selbst. Letztlich gilt der Satz des alten Grundsatzgrantlers Buddha Gautama: »Was du denkst, das wirst du.«

Obacht also beim Grant Prix: Bleiben's heiter und gnädig, denn der Grant ist ein Baier, und in Baiern gilt – meistens wenigstens – die Devise »Leben und leben lassen«. Oder um mit dem Grant-Master Gerhard Polt zu reden: »So drei Prozent Skonto müssen S' ihm schon geben, dem Menschen.« Stimmt, es könnte ja sein, dass er sich doch noch zum Guten entwickelt. Wider Erwarten.

Literatur

Aman, Reinhold: *Bayrisch-Österreichisches Schimpfwörterbuch*, München 2005.

Amery, Carl: *Leb wohl geliebtes Volk der Bayern*, München 1996.

Bakunin, Michael: *Gott und der Staat*, Reinbek 1969.

Beckenbauer, Franz: *Das Buch Franz, Botschaften eines Kaisers*, München 2011; *Einer wie ich*, München 1975.

Benn, Gottfried: *Gesammelte Werke*, Frankfurt am Main 2003.

Berlinger, Joseph: *Der Grantler. Ein bayerischer Menschenschlag*, Radiofeature, München 2007.

Capelle, Wilhelm (Hrsg.): Die Vorsokratiker, Stuttgart 2008.

Cardoff, Peter: *Nestroy für Boshafte*, Frankfurt am Main 2007.

Christ, Lena: *Bauern*, München 1990.

Cioran, E.M.: *Vom Nachteil, geboren zu sein*, Frankfurt am Main 1979; *Die verfehlte Schöpfung*, Frankfurt am Main 1979; *Auf den Gipfeln der Verzweiflung*, Frankfurt am Main 1997.

Dachs, Robert: *Sag beim Abschied ... Wiener Publikumslieblinge in Bild und Ton*, Wien 1992.

Delaney, John Joseph: *Rural Catholics, Polish workers and Nazi racial policy in Bavaria 1939–1945*, Buffalo 1995.

Demandt, Alexander: *Die Kelten*, München 1998.

Demmelhuber, Eva: *Jörg Hube. Herzkasperls Biograffl. Ein Künstlerleben*, München 2012.

Dick, Uwe: *Der Öd. Das Bio-Drama eines Amok denkenden Monsters*, München 1988.

Diderot, Denis: *Artikel aus Diderots Enzyklopädie*, Leipzig 1984.

Diogenes Laertios: *Leben und Lehre der Philosophen*, Stuttgart 1998.

Elias, Norbert: *Über den Prozess der Zivilisation*, zwei Bände, Frankfurt am Main 1991.

Epikur: Philosophie der Freude, Stuttgart 1973.

Falter, Reinhard: *Warum ist Bayern anders?* Taufkirchen 2003.

Feuerbach, Ludwig: *Gesammelte Werke*, Berlin 1967–2007.

Feuchtwanger, Lion: *Erfolg*, Berlin 1996.

Feuchtwanger, Martha: *Nur eine Frau. Jahre, Tage, Stunden*, München 1983.

Freud, Sigmund: *Das Unbehagen in der Kultur*, Frankfurt am Main 1994.

Ganghofer, Ludwig: *Eiserne Zither. Kriegslieder*, Stuttgart 1914; *Lebenslauf eines Optimisten*, München 1974.

Graf, Oskar Maria: *Unruhe um einen Friedfertigen*, München 1994; *Wir sind Gefangene*, München 1981; *Das Leben meiner Mutter*, München 1982; *Das Leben des Herrn Bolwieser*, München 1998; *Bayrisches Lesebücherl*, München 2009; *Kalendergeschichten*, München 1994.

Gracián, Balthasar: *Handorakel. Die Kunst der Weltklugheit in dreihundert Lebensregeln*, dt. von Arthur Schopenhauer, Bayreuth 1991.

Grasberger, Thomas: *Gebrauchsanweisung für München*, München 2001; Radiofeatures: *Traum oder Albtraum? Was wäre, wenn Bayern wieder selbstständig würde*, München 2010; *Verschwörer im Namen der Freiheit. Die Illuminaten in Bayern*, München 2010; *Sendling, Sendling und kein Ende – der Volksaufstand von 1705*, München 2005; *Über das Raufen – Kleine Kulturgeschichte der Körperverletzung in Bayern* 2004; *Der Bayersche Hiesel*, München 2005; *Es geschah in Gammelsdorf …*, München 2005; *Bayerische Traumpaare: der doppelte Wiggerl – Ludwig Ganghofer und Ludwig Thoma*, München 2010; *Bayerische Traumpaare: TSV 1860 München – FC Bayern*, München 2010.

Grimm, Jacob und Wilhelm: *Deutsches Wörterbuch*, München 1999.

Heer, Friedrich: *Der Kampf um die österreichische Identität*, Wien, Köln, Weimar 1996.

Herzig, Arno: *Der Zwang zum wahren Glauben. Rekatholisierung vom 16. bis zum 18. Jahrhundert*, Göttingen 2000.

Heydenreuter, Reinhard: *Kriminalgeschichte Bayerns*, Regensburg 2003; *Tirol unter dem bayerischen Löwen*, Regensburg 2008.

Hirsch, Ludwig: *Komm Grosser Schwarzer Vogel*, CD, Wien 2008.

Hoffer, Eric: *The Passionate State of Mind*, Cutchogue 1997.

Hossenfelder, Malte: *Antike Glückslehren*, Stuttgart 1996.

Hubensteiner, Benno: *Bayerische Geschichte*, München 1977.

Huizinga, Johan: *Homo Ludens. Vom Ursprung der Kultur im Spiel*, Reinbek 1965.

Klaus, Martin: *Der Räuber Kneißl*, München 2000.

Kraus, Karl: *Karl Kraus für Boshafte*, hrsg. Christine Kaiser, Berlin 2006; *Die letzten Tage der Menschheit*, Frankfurt am Main 1986.

Kreis, Julius: *Ameisen*, in: *Bayerisches Lesebuch von 1871 bis heute*, hrsg. von Günther Lutz, München 1986.

Kreisler, Georg: *Taubenvergiften für Fortgeschrittene*, CD mit Barbara Peters, Dins-

laken 1995; *Georg Kreisler für Boshafte*, Berlin 2010; *Everblacks*, CD, Wien 1997.
Kristl, Wilhelm Lukas: *Das traurige und stolze Leben des Mathias Kneißl*, München 2002.
Landau, Peter: *Die Lex Baiuvariorum*. München 2004.
Lohmeier, Georg: *Königlich Bayerisches Amtsgericht*, München 1992.
Luhmann, Niklas: *Soziale Systeme: Grundriss einer allgemeinen Theorie*, Frankfurt am Main 1987.
Maier, Hans: *Böse Jahre, gute Jahre: Ein Leben 1931 ff*. München 2011.
Mann, Katia: *Meine ungeschriebenen Memoiren*, Frankfurt am Main 2004.
Marcuse, Ludwig: *Pessimismus. Ein Stadium der Reife*, Hamburg 1953.
Meier, Emerenz: *Gesammelte Werke*, hrsg. von Hans Göttler, Grafenau 1991.
Memminger, Josef: *Karl Valentin. Der grantige Clown*, Regensburg 2011.
Merz, Karl/Qualtinger, Helmut: *Das Qualtinger-Buch*, Frankfurt am Main, Berlin 1990; *Blattl vorm Mund*, Wien und München 1997.
Molière, Jean Baptiste: *Der Menschenfeind*, Frankfurt am Main 1979; *Der eingebildete Kranke*, Frankfurt am Main 2008.
Nestroy, Johann: *Sämtliche Werke. Historisch-kritische Ausgabe*, Wien 1977-2004.
Nietzsche, Friedrich: *Sämtliche Werke*, München 2005.
Ockermüller, Kurt: *Ein echter Wiener geht nicht unter. Das Mundlbuch*, Wien 2010.
Pessoa, Fernando: *Quadras ao Gosto Popular*, Lissabon 1965; *144 Vierzeiler*, Zürich 1995.
Platon: *Hauptwerke*, hrsg. von Wilhelm Nestle, Leipzig 1931.
Polt, Gerhard: *Circus Maximus*, Zürich 2002.
Probst, Christian: *Lieber bayrisch sterben. Der bayrische Volksaufstand der Jahre 1705 und 1706*, München 1978.
Qualtinger, Helmut: *Best of Qualtinger*, Wien und München 1999.
Queri, Georg: *Kraftbayrisch. Ein Wörterbuch der erotischen und skatologischen Redensarten der Altbayern*, in: *Werkausgabe in Einzelbänden*, herausgegeben von Michael Stephan, München 2010.
Raimund, Ferdinand: *Der Alpenkönig und der Menschenfeind*, Stuttgart 1986.
Ringelnatz, Joachim: *Flugzeuggedanken*, Berlin 1929.
Ringsgwandl, Georg: *Trulla Trulla*, CD, München 2001.
Roser, Hans: *Altbayern und Luther*, München 1996.
Roth, Eugen: *Erinnerungen eines Vergeßlichen*, München 1972.
Schmeller, Johann Andreas: *Bayerisches Wörterbuch*, München 1985.

Schopenhauer, Arthur: *Sämtliche Werke*, Frankfurt am Main 1986.
Stirner, Max: *Der Einzige und sein Eigentum*, Leipzig 1927.
Thoma, Ludwig: *Der Münchner im Himmel*, München 1975; Sämtliche Beiträge aus dem ›*Miesbacher Anzeiger*‹ *1920/21*, München 1989; *Die Lokalbahn*, Stuttgart 1986.
Tieck, Ludwig: *Mathias Klostermayr oder der Bayersche Hiesel*, hrsg. von Heiner Boehncke und Hans Sarkowicz, Frankfurt am Main 2005.
Tworek-Müller, Elisabeth: *Kleinbürgertum und Literatur*, München 1985.
Valentin, Karl: *Sämtliche Werke*, München 1996.
Wendt, Gunna: *Liesl Karlstadt. Münchner Kindl und Travestie-Star*, Berlin 2007; *Qualtinger. Ein Leben*, Wien und München 1999.
Wilhelm, Kurt: *Der Brandner Kaspar und das ewig´Leben*, Rosenheim 2011.
Wittmann, Reinhard: *Wie der bayerische Seppl entstand*, in: Aviso, Nr. 3, München 1997.
Zehetner, Ludwig: *Das bairische Dialektbuch*, München 1985; *Bairisches Deutsch – Lexikon der Deutschen Sprache in Altbayern*, Regensburg 2005.

Internet

(alle Seiten am 1. März 2012 abgerufen)
http://www.jagd.it/musik/textjennerwein.htm
http://www.youtube.com/watch?v=FhjnCPYdkk0
http://www.fjs.de/fjs-in-wort-und-bild/zitate.html
http://mala.eu/MuenchenerGrant.pdf
http://www.mogool.com/EURO2004/fussballer-zitate.html
http://de.wikipedia.org/wiki/Ernst_Happel#Zitate_von_und_.C3.BCber_Ernst_Happel
http://www.oesterreichisch.net/
http://www.ostarrichi.org/